趋势 K线博士 著

涨停起爆

全新的案例解析
读懂股票K线变化的秘密

·趋势量化交易系列·

·高手进阶版·

北京燕山出版社
BEIJING YANSHAN PRESS

图书在版编目（CIP）数据

涨停起爆 / 趋势，K线博士著 . -- 北京：北京燕山出版社，2018.8

ISBN 978-7-5402-5235-9

Ⅰ . ①涨… Ⅱ . ①趋… ② K… Ⅲ . ①股票交易—基本知识 Ⅳ . ① F830.91

中国版本图书馆 CIP 数据核字 (2018) 第 203294 号

涨停起爆

责任编辑：	贾 勇 王 迪
营销编辑：	马丹妮
责任校对：	岳 欣
装帧设计：	涂 涂
出版发行：	北京燕山出版社有限公司
地　　址：	北京市丰台区东铁营苇子坑路 138 号
邮政编码：	100078
发行电话：	（010）65243837
印　　刷：	三河市灵山芝兰印刷有限公司
开　　本：	710mm×1000mm　1/16
印　　张：	12
字　　数：	240 千字
版　　次：	2018 年 9 月第 1 版
印　　次：	2018 年 9 月第 1 版
书　　号：	ISBN 978-7-5402-5235-9
定　　价：	60.00 元

版权所有　违者必究
如有印刷质量问题，请与印厂联系退换

目录

序 / I

第一篇
涨停高手基本功

第一章　涨停板基本知识 / 003

第二章　专业涨停高手的基本素质 / 006

第三章　涨停基因与资金管理 / 013

第四章　涨停方式 / 018

第五章　操作纪律与操盘心理 / 026

第二篇
涨停核心战法

第一章　涨停位置的重要性 / 035

第二章　K线揭密讲解 / 050

第三篇

分时盘口精解

第一章　涨停起爆分时盘口的重要性　/　103

第二章　分时即时线与均价线　/　113

第三章　分时六种形态与实战　/　116

第四章　分时量价的重要性　/　128

第五章　分时盘口的买入模式　/　137

第六章　分时盘口卖出的判断　/　143

第七章　涨停起爆分时盘口实盘运用　/　150

第四篇

量价配合关系

第一章　涨停起爆量价关系　/　157

第二章　涨停起爆分时盘口的量价关系　/　166

第三章　涨停起爆量价配合抓涨停　/　173

第四章　涨停起爆量价关系的综合运用　/　177

后序　/　181

序

中国的股市犹如地下的野火,在行情没有到时来的时候深藏于地下,行情到来时,就像按了核按钮,像火山喷发一样地往上涨。纵观股市几十年,大多冬眠时间比较长,上涨时间少,可谓牛短熊长。

有些人两眼一抹黑就进入了股市,结果大多数亏损之后选择学习,还有些人是先学习再征战股市,结果也逃脱不了亏损的命运,这是为什么呢?通过笔者近十年的,对所有的关于炒股的书籍进行研究,发现 80% 的股票书都存在着一些误区。也许是作者有所保留,或者就是作者本人也是一团糊涂,下笔千言,离题万里,不管是什么原因,反正就是读者看了这些书没有赚到钱。

只写技术而不说明原理,就是镜中花水中月,只会捕风捉影。多数的书籍都是为了出书而出书,写得非常雷同,都是只讲形而不去讲神,所以到头来只能竹篮打水一场空。

对于股民来说,股市就是一个没有硝烟的战场,到处都是刀山火海。买卖股票无异于虎口夺食,一不小心就会葬身股海。炒股为什么会亏,就是买股没有正确的方法。虽说市场已经发展几十年了,但是主力的手法依然没有太大的改变。孙子兵法距今已有2500多年,战术战法依然在当今战场适用,万变不离其宗。当今天下,群雄四起,游资盛行,本书当以全新的理念去解析这个市场,彻底转变股民买股亏损的思维,铲除买卖陋习。

买股就像做生意，即使同样的起始资金，操作不一样，结局也不一样。作为一名股民，无论资金大小，都要着眼于全局，要从趋势的角度去看问题，按照原定的计划去交易，而不要在乎一时的得失。这就是主动买入和被动出局的区别。市场上流行着一句话，叫高手不做反弹，这句话可能要困惑你很久你才会明白：是底不反弹，反弹不是底。市场要经过多次的反弹才会迎来反转，炒股高手就应该避开反弹多做反转，要尽量掌握多头的主动权，整合自己的优势，并将其发挥到极致。

很多股民买股喜欢抄底，但抄底不能看价格，而应该看周期，只有大盘同步见底了，才能去买底部的个股。买股不是哪个跌得狠买哪个，而是哪个在上涨买哪个。但市场偏偏有一个怪现象，越垃圾的股票，散户介入的越多。ST烯碳里面有16万股民，很多人都是抱有捡便宜的想法买入的，但现在ST烯碳宣布快要退市了，估计很多人都睡不好觉，甚至都不敢打开自己的账户看看。买入这样的个股是一个灾难，这样的股票一辈子遇到一个就是死，投资生涯到此结束。错了就错了，勇于认错即时改正，机会还有，如果一错再错，资金没了，就真的没有机会了。

抄底是一个投资的误区。而正解是，行情好，选最强的品种，赚的多。行情不好，选主力抱团取暖的个股，力求一个资金安全。反正不管牛市熊市，始终与主流资金在一起，步伐保持高度一致。炒股永远买入上升趋势的个股，这样操作，即使被套也是对的，买入下降趋势的股票，即使赚钱也是错的。

短线就是挖掘强势个股，然后勇敢追涨，不应该去抄底，也无需潜伏，再说底部也没有多大利润空间。频创新低的个股，大多数是处于下降通道的个股，随着长期均线的下压，股价会越来越低，如果此时介入抄底，很快就会被套，套着就会被动持有等着解套，然后就是由浅套变为深套，然后就没有然后了。所以，发现错了就要及时突围，而不是像一些书中说的加仓，补仓，包括做什么T。亏损没有补仓一说，越补套得越多。

序

本系列丛书是笔者 16 年操盘实战经验讲述，干货满满。绝非市场上传统技术分析类书籍所能比的，你没有的，你永远给不了别人，你不会的，你永远教不了别人，本书是操股宝典。没操盘经验的新手须先收藏，有几年股龄的，它将是你蜕变升华的必读书籍。

作为专业的交易人员应具备的三要素：

科学的交易模型。

专业的交易心理。

科学的资金管理。

本系列书籍将围绕上述几点详细讲解。学习就要系统地去学，你见过哪个学生是东一榔头西一棒槌地乱学，结果考上清华和北大的？

本书讲的是涨停起爆，深刻地揭示了涨停板的本质和原因，详细介绍了涨停的过程和捕捉涨停板的方法，剖析了追板时带来的潜在风险等。

在证券市场上，只要你肯努力，掌握了正确的方法，不断听取股神讲述的经验，相信有一天你也能创造奇迹，因为涨停高手就是这么走过来的，本书是股市中的藏宝图。不但写了市场行为还写了股民行为，着重描述了股民在操作上的一些误区，从而解析亏损的具体因素，进而斩断亏损，让利润奔跑。

K 线博士

2018 年 6 月

第一篇

涨停高手基本功

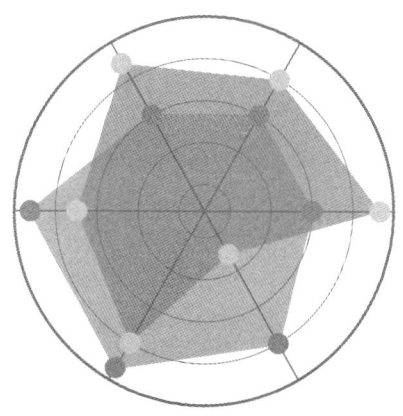

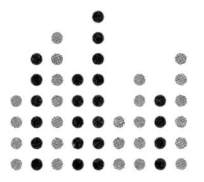

第一章
涨停板基本知识

恳请投资者在看正文之前仔细地看一看序。下面介绍涨停板的历史。

一、涨停板的由来

所谓涨跌停板,就是对过分上涨或下跌进行限制,以保护股民的基本利益,控制市场的异常股价波动,减少投资者的风险。涨跌停板制度最初是建立在1990年夏天深圳股市行情不太稳定的时候。

1990年3月前,深市的早期5只股票(深发展、深金田、深万科、深安达、深原野)交易清淡,走势平稳。1990年3月中旬,深发展公布送配方案,股价日渐上涨,股民们开始注意市场。5月初期股价缓慢上扬,6月份狂拉猛涨,股价由5月的15元上涨至6月底的24元,上涨幅度达到60%。随着深发展的不断上涨,其他4只股票也随之上扬,在市场赚钱效益的影响下,参与市场的投资者数量开始大幅增加。由于股民增多,因此出现了市场的供不应求的局面。

深圳股市出现的这种火爆场面,引起了当地政府的高度关注,并且开始制定措施干涉市场，抑制市场投机现象。1990年5月29日，政府开始对股价波动实行涨跌停板制度，限幅为+10%，但是由于股市环境看好，股价的上涨势头仍然凶猛。6月18日，政府再次出台措施，规定涨停板幅度为+5%，但是股价还是持续上扬，市场投资热情不断增加。6月26日，政府终于又再次将涨跌停板进行重新调整，限制涨停板为1%，跌停板为−5%。

即使是如此严格的措施仍不能阻挡牛市的发展，面对涨跌停板的限制，股价仍大幅度上涨，去证券营业部的投资者数量日益增长，投资热情高涨。这样深市在几个月的时间里股价天天涨停板，至10月底，深发展股价已达63.32元，涨幅高达159.67%，成为市场中的一面旗帜。

鉴于股市持续出现投机上涨现象，11月21日，深圳市政府第4次宣布调整涨跌停板，限制涨停板为+0.5%，跌停板为−5%。深圳市政府通过各种媒体告诫投资者，注意防范市场风险，同时宣布不准机关干部炒股票。此时，市场真正的风险来临，做空的动能正在不断加大，股价在高位滞涨，并开始下跌。尤其是5只市场主力股一齐下跌，投资者纷纷清仓出局，恐慌抛盘出现，跌声一片！一直到12月底，股价每日以跌停板的爆跌现象出现。1991年元月2日，股市涨跌停幅度再次调整为+0.5%，但是依然不能阻拦市场的下跌。到5月底，深发展由原来的每股80元下跌至50多元，跌幅为37.5%。由于屡次调整涨跌停板限制却不能生效，管理层最终决定逐步放开限制，让市场机制自行调节。8月17日，在深发展放开限制的当天，该股开盘一个小时内下跌幅度为41.6%，市场上演了惊心动魄的下跌场面。由于涨跌停板的失效和解除，使广大股民遭受了极大的打击和心灵创伤。这种由市场机制自行调节股价走势的措施受到质疑。管理层在1996年12月16日再次对市场实施涨跌停板的限制：幅度为+10%，ST类个股为+5%。从那时起，涨跌停板规则一直沿用至今。

二、涨停板的优缺点

管理层为了扼制过度投机，缩小股价上涨的波动幅度和减缓上升的速度，倡导市场理性投资，压制和防止过度炒作，从而实行了对股价涨幅进行限制的制度。这种制度总体来说，在市场中起到了一些作用，达到了设置时的初衷，但是任何事情都有其矛盾的两面性，利弊相统一，涨停板制度推出也有其优缺点。

（一）庄家、机构大户们容易利用涨停板制度来进行高效率炒作。他们是市场的主力，拥有比一般散户投资者得天独厚的资源优势，例如资金、技术、研究人员、信息等。因此，他们完全可以借助涨停板，有计划地对市场行情有效地控制，以便达到自己的目的。

（二）股票市场中的涨停板与期货市场中的涨停板有较大的区别。期货市场采用双向交易，既可以做空也可以做多。而股票市场中目前只能做多，没有做空机制，涨停板的限制对于单向趋势的强化程度在股市中远远不及期货市场。期货的交易规则是 T+0，而股票是 T+1，即当天只能买进，不可能卖出，这实际上起到了助涨功能。

（三）个股涨停板带来的市场联动效果。个股涨停板可能会带动相关板块的强烈反应，进而刺激市场人气，带动大盘上涨。当出现妖股连续涨停，很容易引起投资者的关注，容易激发投资者的热情，其后市的上涨幅度超乎人们的想象。

（四）小盘股由于流通盘较小，容易控盘拉升。庄家可以用少量的资金控盘拉高。

（五）涨停板对成交量的变化也是有要求的。缩量涨停，代表市场惜售，后市一致看多，后市上涨阻力较小。放量涨停低位可以，中高位说明筹码松动，浮筹较多，后市容易冲高回落。

第二章

专业涨停高手的基本素质

做好了短线，获利快捷，收益颇丰，但市场中真正的专业涨停高手凤毛麟角、万里挑一。在现实生活中，对一个事物的判断都有一个标准，好与坏，强与弱，长与短等。在市场中，判断一个股民合不合格，唯一标准就是赚不赚钱。学了一百招炒股的方法，到头来还是亏，那所学的就是一堆垃圾。

一名专业涨停高手必须要经历严格苛刻的专业化正规化训练，并使自己的投资理念和操作行为高度一致。选到并买到才有可能赚到，也就是既要看准市场，又能做对市场，知与行达到高度的和谐统一。如果要做到一个顶尖高手，就必须以下列标准来训练自己。

一、专业涨停高手对市场的判断

短线操作是中、长线操作的基础，买股看长做短，虽是短线，但也是建立在中长线安全的前提下进行的。

短线操作成功的前提条件是对市场的正确判断，即看准市场是上扬还是下降的走势。如果在爆跌的熊市去买股，那么在投资理念上就已经输了一半。不过现在股票体量很大，个股已经告别了齐涨同跌的时代，只要大盘环境不是太恶劣，个股还是可以操作的。你可以不注重大盘，但绝对要注重题材热点。在交易的任何时间段内，真正的短线高手都能快速准确地捕捉到市场上的诸多动能。

二、专业涨停高手对目标个股的判断

买股是对各种情况客观的数据分析，而不是情绪判断，不可有半点主观臆断夹在其中，进而决定自己的操作。从时间上来讲，小趋势要服从大的趋势，大周期牵制中短周期。专业高手虽说是短线操作，但也必须具有长远的目光。单边下滑的个股一律不要碰，买股就是买上涨趋势。

专业涨停高手只选短期上攻形态的个股，这个大前提不符合的股票不买不看不加自选。一句话，攻击 5 日均线不朝上，短期内不具备上涨的物质基础和客观条件，没有短线获利的操作价值，以观望为主。

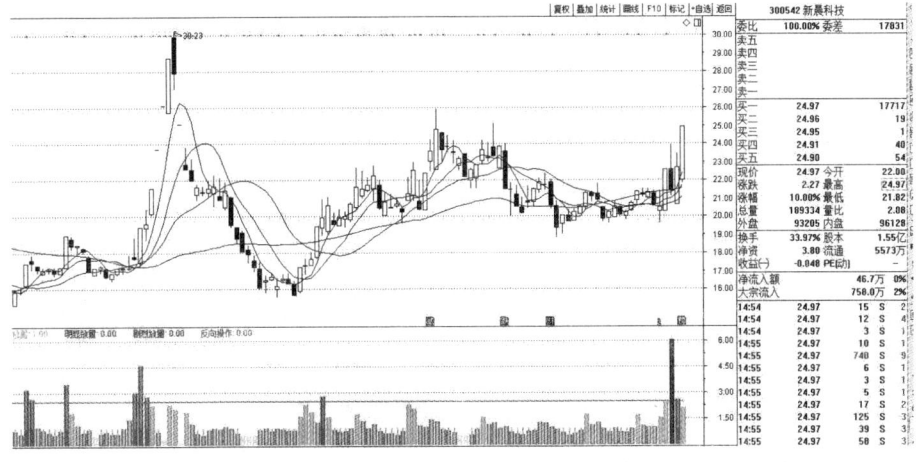

图 2-1　新晨科技股价走势

如图 2-1 所示，当攻击 5 线陡峭上攻时，股价连续爆涨。

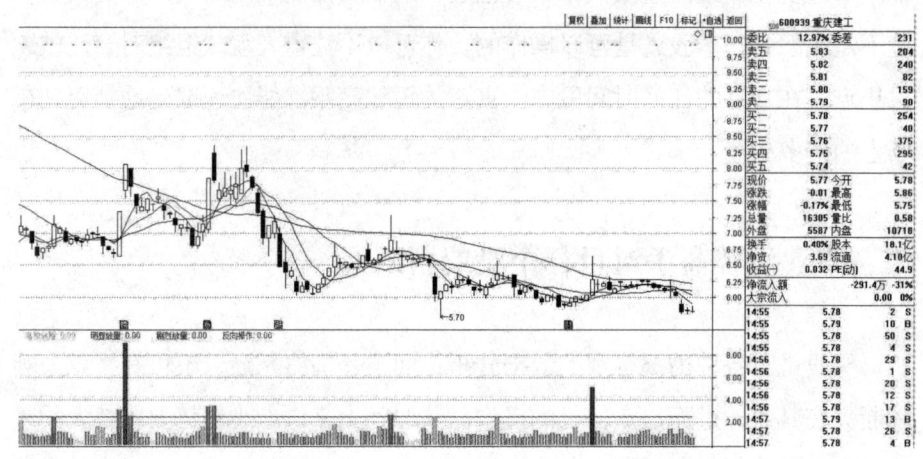

图 2-2 重庆建工的股价走势

如图 2-2 所示，当 5 日均价线走平时，个股交易清淡，行情维持弱势震荡，股价不断下跌。

三、目标个股强弱的判断

1. 角度。个股站上 5 日均线视为强势，只有站在 5 日均价线上的个股才能在短期内产生极好的经济效益，捕捉上涨速度快的个股是专业涨停高手首要的选择，这种思想坚决不可动摇。

面对个股上涨速度的快慢，以 5 日均价线与水平线的夹角来衡量。30 度为普通慢牛行情，45 度为强势波段行情，在以后的章节里我们会讲到强波强 K。大于 60 度就是特级强势的上攻行情了，这类个股容易出现连续涨停，容易出现大黑马，是专业涨停高手努力寻找的目标。

2. 成交量。成交量的大小直接表明市场人气与活跃程度。成交量放大表示市场参与资金较多，买卖交易活跃，主力机构对市场的获利目标较高，从而推动行情上涨。

成交量大小的具体量化标准，可以用换手率和量比两个指标进行横向和纵向衡量。量能也不是越大越好，如果5倍以上的孤量反而要反向操作，天量对应天价。量能以3倍以下为宜，1.8倍到2.5倍之间最好。

3. 时间。炒股讲究量价时空，所以时间要共振。时间是决定股价运动的最重要因素。目标个股在发动行情时，一般都会选择特定的时间。如果市场长、中、短时间周期同时发生在股价走势的某一点，则市场爆发行情的可能性较大，这是技术面的时间。如果突发事件或热点题材来了，这是消息面的时间，以后会具体去讲。

股神讲述一点，买股就要做人气股，明星股，要做就做市场上主力与散户都高度认同的个股。

有两种股是不能做的：

1. 不做主力出逃个股，即单边下跌股。
2. 不做无庄股，即弱势横盘震荡股。

四、涨停高手的战绩评判

专业涨停高手征战股市的唯一目的就是获利，实战操作中赚不赚钱是判断专业高手的唯一标准。只有战线辉煌者，才是名副其实的专业涨停高手，这是一个硬指标。大师级短线高手能在第一时间内，成功捕捉市场中的龙头个股，收益率远远高于大盘同期涨幅，而且成功率极高。专业级能买到跟风龙二，也有较高的收益率，而普通级只能买到龙三龙四，再往后排的选手，同期可能出现亏损，这些投资者是没有资格入选专业涨停高手的。长期稳定地在市场中保持获利，这才是真正的优秀交易者，永久生存是真正的专业涨停高手所追求的境界。今天赚了，明天亏了，资金一直原地踏步，那算哪门子的高手？

专业涨停高手只有经历了大牛、大熊市的考验才能达到成功。如果一个投资者不但能在牛市中能赚到钱，在平衡市甚至是熊市中依然如故，那么这个交易者一定具有其独特的投资理念和操作技巧。天天看着飘红的账户，没有精神压力，也会保持良好的心态。

能够数年时间在证券市场中稳定地依靠自身的专业操作水平获利，这才是市场中的常青松、不倒翁。

在股市中，个股只要不停盘，股价每天都会有波动，而这个波动是不以个人的意志为转移的。该跌的跌，该涨的涨。某只个股只要主力大力参与，后市你买它是上涨，你不买，它也是上涨。

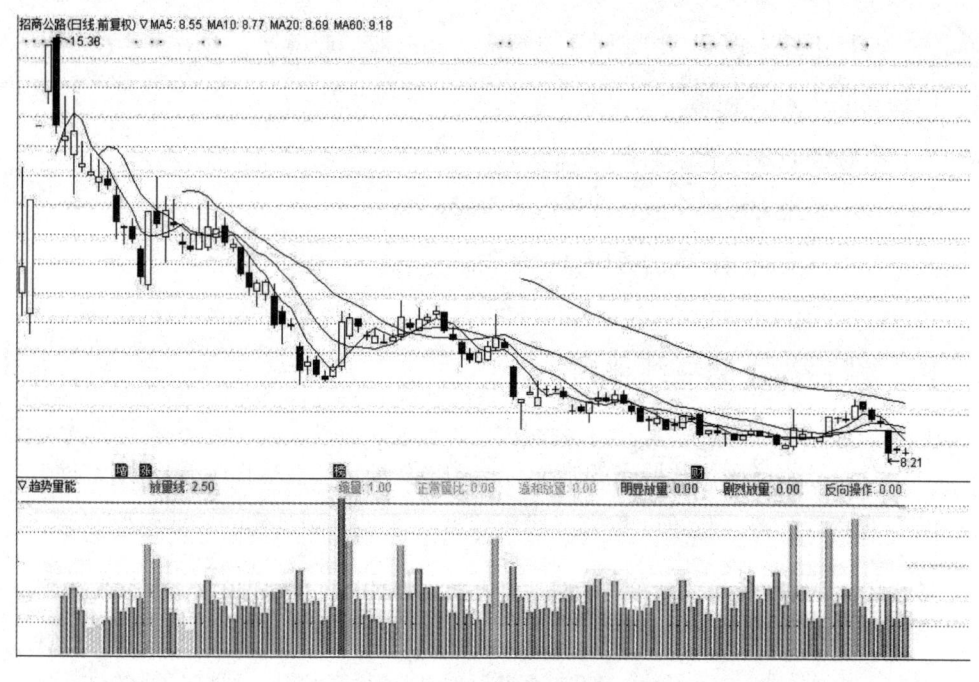

图2-3　招商公路的股价走势

如图2-3所示，可能很多人把它当作一个次新股，其实他是招商局与华北高速酝酿了一年重组的股，第一天合并上市，收盘价与发行价相比几近跌停，第二天又是大幅低开，随后跌停。当巨量打开跌停板时，我们私募公司果断买入，当天捕捉到一个天地板，后面接连又出现了两个涨停，短期获利丰厚。此股操作的理念是同时期的新股全是连续一字板式地往上涨，就算是两个公司重组也是重大利好，没有不涨的道理，所以我们才果断介入。

同样的操盘手法我们还操作过上海环境，同样后市也是连板。上海环境也是一个重组股，买入的理念和招商公路一样。

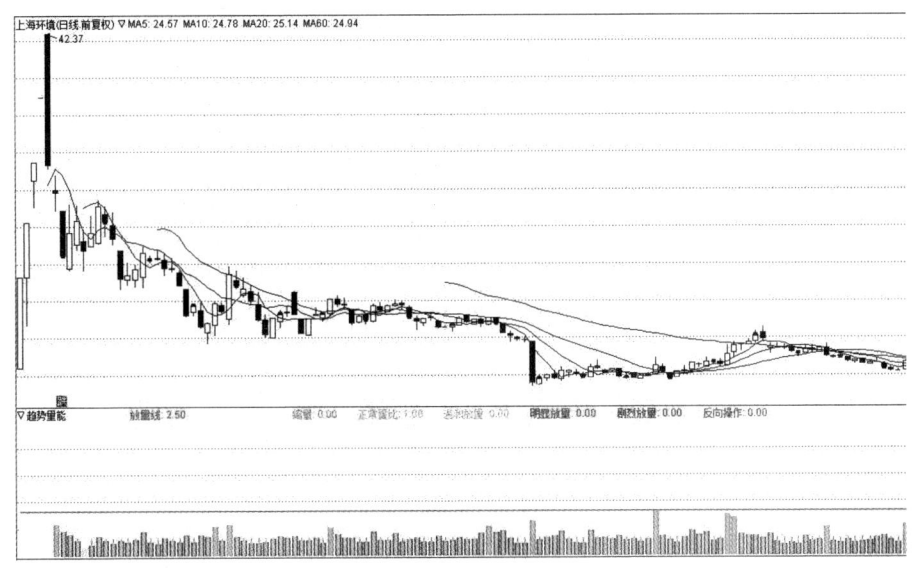

图 2-4　上海环境股价

以上两个案例都是主力机构刻意制造恐慌，打压股价，致使个股全日由跌停到涨停的天地板，上市第二天的震荡幅度为 20%。大师级和顶级涨停高手都能及时和准确地捕捉市场中的极限获利机会，短期获利巨大。

缠论大师留给世人的遗言只有两个字——跟随。跟随有点太极的意味，像禅师说的，要让自己变成零向量，才能无往不胜。合力大于零，你就跟随多方，合力小于零，你就跟随空方。

跟随就是跟随主力，只有主力机构才是市场的主导力量。有庄的股票是个宝，跟随主力机构而行，摸清主力的脉搏，踏准市场节奏，这是对专业涨停高手的基本要求。在市场行情发动时及时跟进，在市场行情结束时及时离场，不做最后一个上山的人，也不做最后一个下山的人。在实战操作中，专

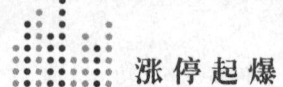

业涨停高手能做到卖了就跌,买了就涨,手就是枪,枪就是手,指向哪里,打向哪里,百发百中,与市场主力机构的思想和行为达到高度和谐。买股要明确炒作的理念,市场现阶段是炒业绩还是炒成长性要清楚。

第三章
涨停基因与资金管理

涨停基因就是股性，个股就像人一样，各有不同，有些股票喜欢经常拉涨停板，有些股票难以见其涨停板，这就说明涨停板容易扎堆。

中国股票二级市场的上涨是由资金推动的。上涨＝资金，资金是股票市场涨跌的直接因素，有增量资金进场，股价就能涨，资金出逃，股票就得跌。资金能否接力，直接决定涨停板延续的时间和空间。

个股就是主力做多的道具，资金流到哪，这个板块或个股就会上涨。

资金是股市中的生命链，市场中的一切行为都是围绕资金展开的。资金对于专业涨停高手来说，犹如将军所管辖的士兵。资金管理是一门高超的艺术，资金管理能判断专业涨停高手的水准。

一般情况下把资金分为三等份。前三分之一为冒进的先遣部队，为侦察兵。中间的为跟进的主力部队，在行情明确时及时跟进。后三分之一作为后备资金，作为救援时的补仓，这个资金只能作为机动部队，盘中灵活的做T+0，在有盈利时需要及时卖出，也就是说无论买哪只股，当天最多买入三分之二仓，不要轻易满仓。高手资金布局的前后、缓急、大小都有讲究，资金利用率极高。

市场每一天、每一波的运行都是在龙头股的带动下起动的，这些龙头股通常以涨停板发动行情，短期爆炒。当你细心地把每一天的涨停板排在一起时，仔细推敲，前后联想，就能发现涨停板的一些规律。涨停板是股票市场每一个阶段炒作的理念和热点，是资金介入和大众心理的综合体现。股市有涨停板战法，在即将涨停的最后一单一枪打进，真正的高手是在龙头启动之前加码，末端之时及时出局。

图 3-1　贵州燃气（600903）

图 3-1 为贵州燃气的股价走势图，新股发行定价仅为 2.2 元，按新股流通股本计算严重偏低，在 2017 年年底，正值天寒地冻，市面上煤炭、燃气的价格也是一涨再涨，甚至当时有个新闻报道了一篇，一个小伙子囤了十二罐煤气被拘留的报道，唉，没文化真可怕。预测煤气要涨价，可以买相关的股票啊。因此，当贵州燃气第一波上涨浪见顶后回调企稳时，见明显底分形，我们公司果断冒进，在股价突破前高时，我们再一次加仓跟进，股价在突破前高时轻松过顶，随后股价一直顺着 5 日均线，扶摇而上，在明显见于顶

部信号时,我们才被迫出局。这一次资金打了个翻倍,远远地跑赢了同期大盘。

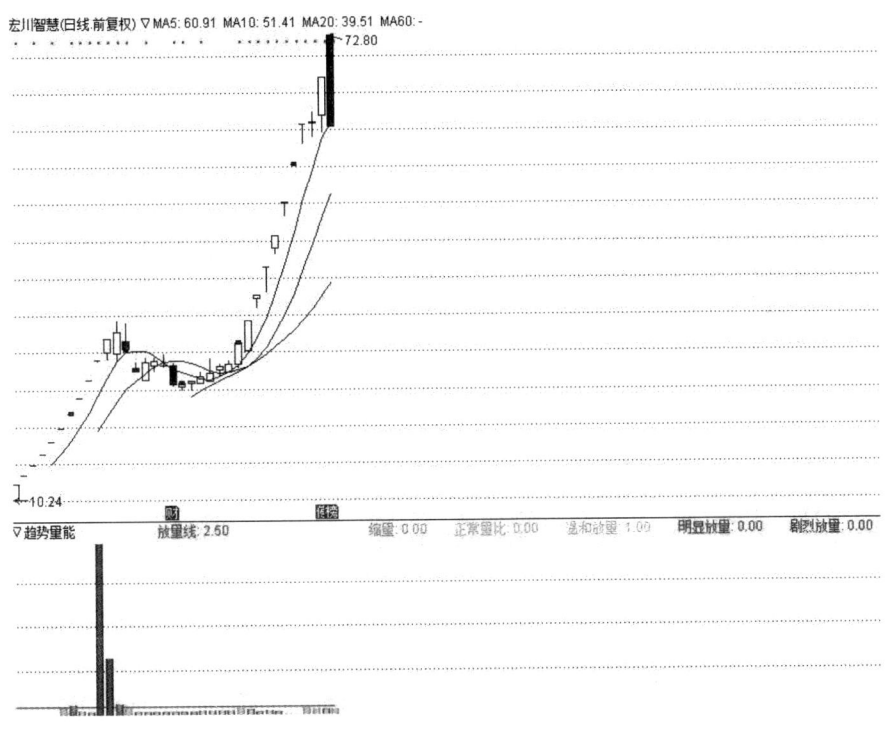

图 3-2　宏川智慧（002930）

图 3-2 为宏川智慧这只次新股的走势图,同期大盘在持续调整,此股却无视大盘,拒绝下跌,反倒走出了一轮华丽的上涨行情,当时这只明星个股行情巨大,极为抢眼,一时成为股民茶余饭后谈论的焦点。这是一只叠加很多概念于一身的次新股,作为专业涨停高手的我们私募公司自然不能放过,当然这次又是打了一个漂亮仗。

那么为什么这只股票涨幅会如此巨大呢？首先,次新股没有太多套牢时间很长的历史套牢盘,因为上市后都是一字板拉涨停,除了涨就是涨,众人拾柴火焰高,散户与主力坚决一致看多,形成了极大的合力。学过物理的都知道,多个拉力的夹角为最小时,合力才是最大的。那么宏川智慧为什么会有如此大的上攻动能呢？原来除了技术面之外，背后还有巨大的消息面配合。当时美国总统特朗普在媒体上公开发布了退出两伊核协议的决定，这在国际上造成了一定的恐慌，导致国际油价一直上涨，紧接着国内媒体接连发出汽油涨价的消息，我见过最多的一句话就是明早凌晨，您的爱车加满一箱油要多花 8 元钱，没过几天又二次提价，这一次比上一次涨幅还要多，增加了十元钱。我们的国家是个物流大国，一天消耗的油量超乎想象。

　　既然有了这么一个涨价概念在里面，主力就有了做多的理由，所以宏川智慧乘着涨价的东风出现了极端的快速上涨。宏川智慧走出了龙头的风范，一时石油板块个股纷纷跟风，通源石油、中油工程、中曼石油等个股同时期都有不小的涨幅，就连中国石油上万亿的盘子，都拉出了单根 K 线 7% 的涨幅，可谓大象起舞。

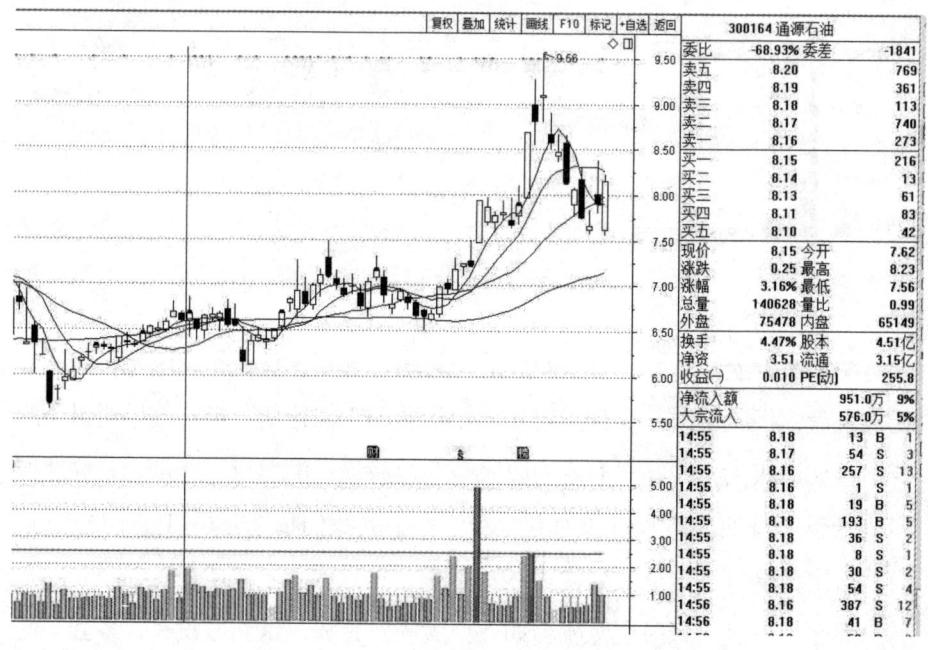

图 3-3　通源石油同期股价走势

买股不要只盯着股票的价格，还要对股情有着全面的认识和理解。股票是金钱与筹码交换的载体，是投资者交易的工具。股市是一场大主力机构与普通投资者的博弈竞争，只有专业涨停高手才能在博弈竞争中创造财富。

买股要有大的宏观战略，看对大势赚大钱。有的股民可能也买到了这只牛股，但是并没有陪着主力一条道走到黑，也许只拿了一点点利润，就被疯牛在半路上甩了下来。

任何实战中的买卖行为都是在即时的盘中展开，市场中的最佳买卖点常常昙花一现。专业涨停高手在开盘时，时刻保持着战备状态，逐秒级的盯盘，紧盯着短线精灵所发出的猛烈打压与极速拉升信息，不放过市场中任何的蛛丝马迹。眼睛看到哪，鼠标就追随到哪，即时打开K线图进行行情的研判。

要想成为专业的涨停高手，就得在固化于脑海里的操作模式发出买卖信号时，迅速展开操作行为，对市场的指令要绝对服从。炒股者不是人，而是一台执行命令的机器。一，不要夹带个人的情绪去操作。二，不要盘中临时起意。

古语有云，未经清贫难成人，不经打击老天真。只有经历过艰难的人生磨练和千万次实战的临盘操作，才能达到如此境界。好枪手是子弹喂出来的，好司机是油烧出来的，新股民没有实战经验，就得多练习多模拟。

炒股就像升级打怪，普通的股民要想晋级，就得在残酷的市场环境中成长。只有经历了风雨的洗礼，才能对各种短线机会及时和准确地把握。要像躲在树后饥饿的猎豹一样，随时准备着捕捉自己的猎物。这种本能的条件反射，必须经过长期的磨练才能修成。

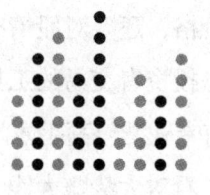

第四章
涨停方式

涨停板是一个在动态的时间和空间里运动的过程,在涨停分时走势图中显示着交易量、成交金额、上涨角度,涨停价值、涨停时间都反应出市场运行的轨迹。这些轨迹是庄家不愿表露出来,而又不得不表露的,这也是庄家的一个弱点。这样便给投资者提供了一个分析、破解市场主力意图的途径,同时也提供了充分的客观条件。

市场中涨停板时有发生,涨停次数千千万万,涨停方式各式各样,但经过我们的归纳和整理,还是能找到一些共同点的。根据运行轨迹进行分析,涨停板大致分为以下几类。

一、波式涨停

这是指股价开盘后,沿着某一角度上涨,中途没有回调,直至涨停板。一波式涨停板具体可分为以下三种情况:

1.股价开盘涨停板。全日涨停板如汉字"一"字一样,分时走势轨迹简单明了,平行直线一条。

第一篇　涨停高手基本功

这说明市场庄家手中已经掌握了该股的大量筹码，能够完全控制市场，从而左右二级市场中的股价，操纵运行。

这种情况的发生，都是在市场中出现了重大利好或者上市公司基本面已经发生了质的改变。

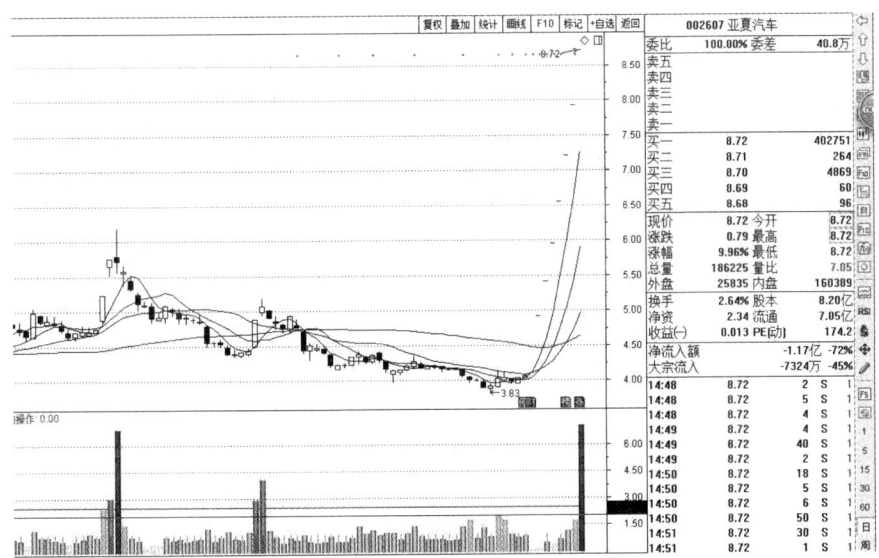

图4-1　亚夏汽车的投价走势

如图4-1所示，公司基本面出现了重大资产重组，开盘即封死涨停，这是多头力量达到极致的表现，空头毫无还手之力。近期相关类似走势的有军工股中航黑豹600760，现已改名中航沈飞，大家耳熟能详的就属603160和三六零了，这个股涉及了计算机大数据网络安全概念，但这不是最重要的，重要的是它是从国外回归A股借壳上市，再加上当时媒体的推波助澜，一个全新的概念"独角兽"新鲜出炉了。股价从8块多开始，一口气拉到了50多块钱才第1浪见顶，后市经过整理调整，又再一次创出新高，最终见顶于66.5元，见经典见顶信号"断头铡刀"后，行情结束。从此庄家开始了漫长的出货过程。（断头铡刀属于K线组合专业术语，在这里考虑到篇幅，对于基础知识，不作详细表述。）

图 4-2 中航沈飞（600760）

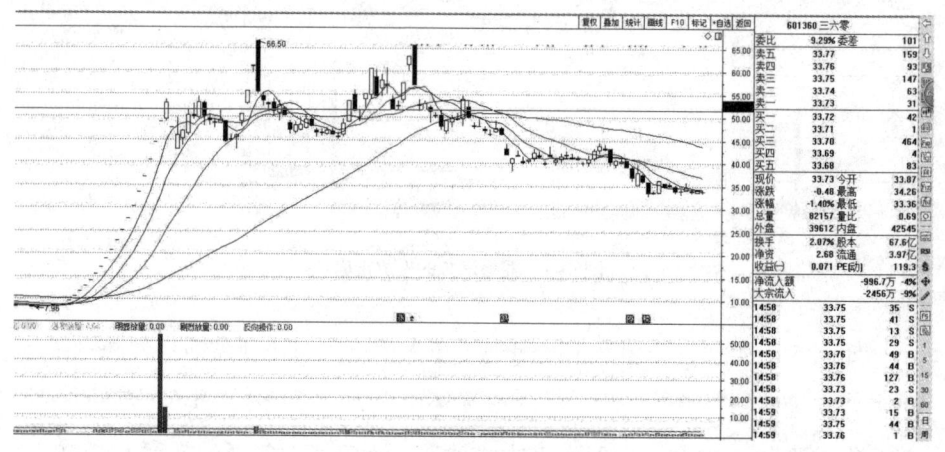

图 4-3 三六零（601360）

说了这么多，想表明的就是一句话，买股要买热点股，死也要选好哪家棺材铺。

2.高开不回调，直奔涨停。股价在上个交易日收盘价之上开盘，然后直线无回调上涨，直至涨停板。分时线大体似一条斜线。跳空高开，表明多头攻击力量强大，投资者对该股前景看好，愿意以更高的价格抢筹，市场上俗称抢帽子。

不回调，直线封涨停板，表明空方毫无还手之力，多头力量强大，市场完全由多方控制局面。

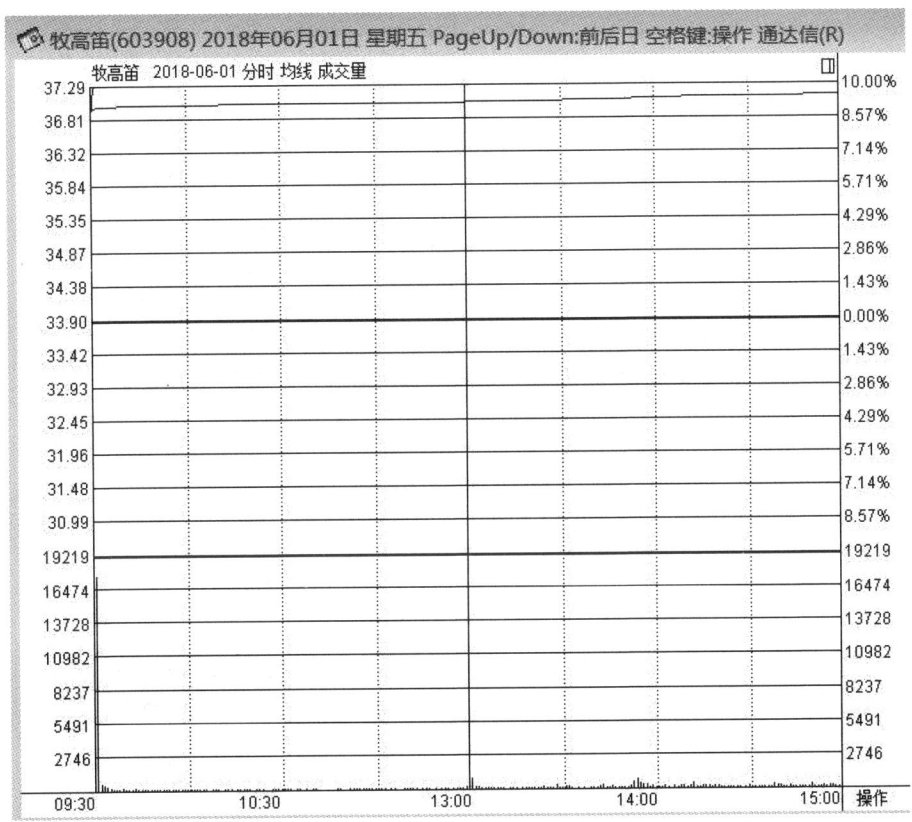

图 4-4 牧高笛（603908）第一天分配利润的分时图

如图 4-4 所示，盘中均价线向上，成为攻击行情的有力支撑。从日 K 线图形上看，短期均线多头排列，主力在强势拉升之前，猛烈巨阴洗盘，随后出现阳包阴的反转，股价大开大合，干净利索，拉升也不拖泥带水，实属市场实力一线游资所为。

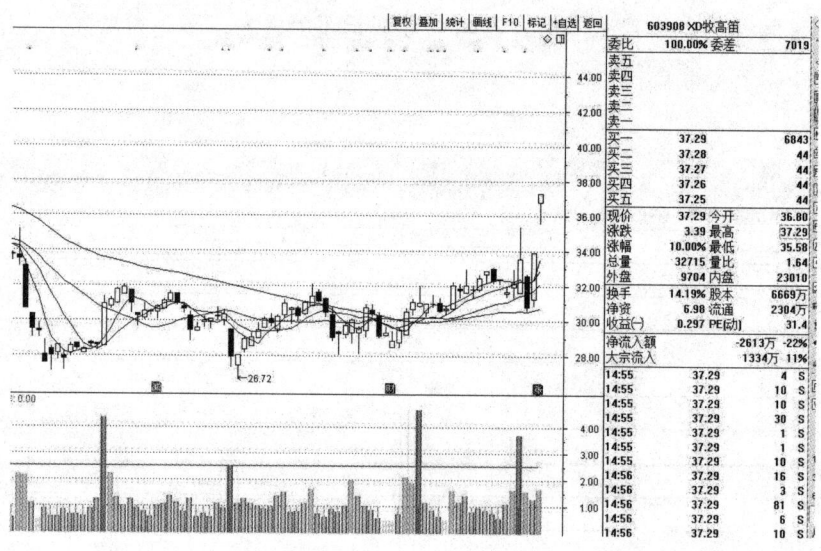

图 4-5 牧高笛（603908）

3. 平开或低开一波式涨停。股价在上个交易日开盘价附近开盘，而后迅速拉至涨停板，分时大致是一条陡的直线，形态较简单。

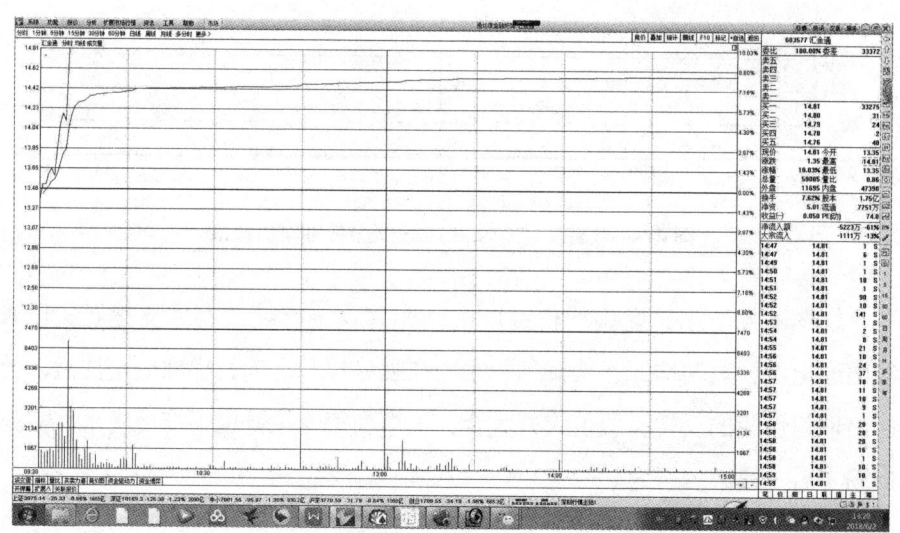

图 4-6 603577 汇金通的分时走势图

第一篇　涨停高手基本功

在昨天收盘价附近开盘，表明股价在开盘时供求双方大体平衡，多空双方势均力敌，只是随着行情的展开，多方开始向上猛烈攻击，此时空方也出现了反水，转变成了由空翻多。

如图4-6所示，盘中均价线与即时线同时向上，双龙齐飞，量价齐升。均价线坚决向上，使攻击力量获得了有力支撑。

二、两波式涨停

两波式涨停是反映股价开盘后先向上拉升一个平滑中波，随后股价开始冲高回落，在均价线获得支撑后再次上涨至涨停板。

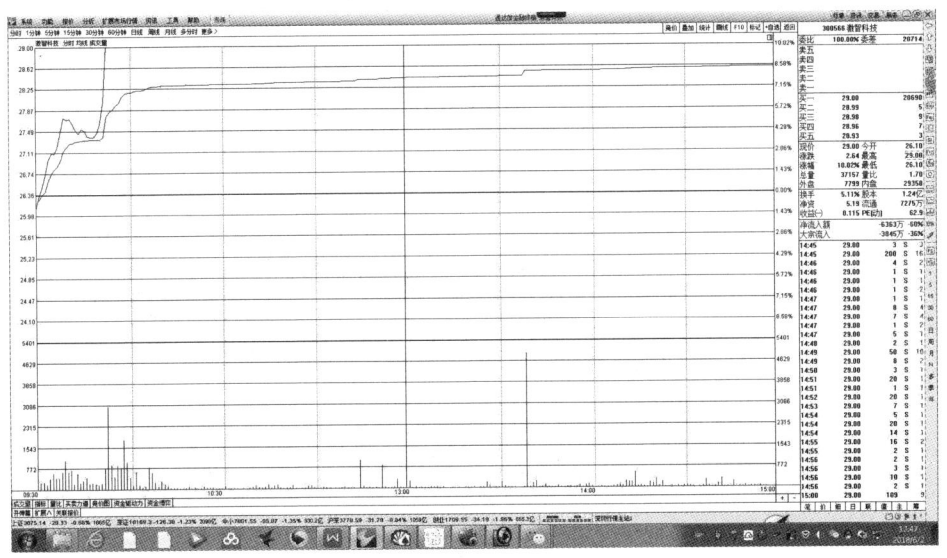

图4-7　激智科技（300566）

上涨代表多头攻击力量强大，同时极速的拉升也给市场部分投资者带来了获利空间，致使有一些获利盘进行抛售，这其中也包括套牢盘的割肉，从而迫使股价回调。回调企稳，表明多头在退却中不断储备力量，在均价线处获得支撑后，重新组织力量进行反攻，从而推动股价拉升至涨停板，最终多头牢牢地控制着市场。

回调按时间划分：1. 少时调整 2. 等时调整 3. 延时调整

回调按幅度划分：1. 小幅调整 2. 中幅调整 3. 深幅调整

中国的文字是有指向性的，从字面上就能理解这些词语的含义，在这里不作赘述。

现在市场上有打板（在涨停的最后一分钱跟进）埋板（预测当天会涨停，在没涨停之前低位潜伏）和追板（在第二天开盘买进）的战术，打板战法运用得好短期能获得巨大的利润，但是当天如果遇到了炸板，个股第二天就会大幅低开，资金回撤也很厉害。在下一篇章，会详细介绍打板所注意的事项。

三、三波或多波式涨停

分时图上就像多个"N"形成的波形组合在一起，分时图就犹如层层的梯田一样，分时线一直沿着均价线拾级而上，在梯田的末端打到涨停板。

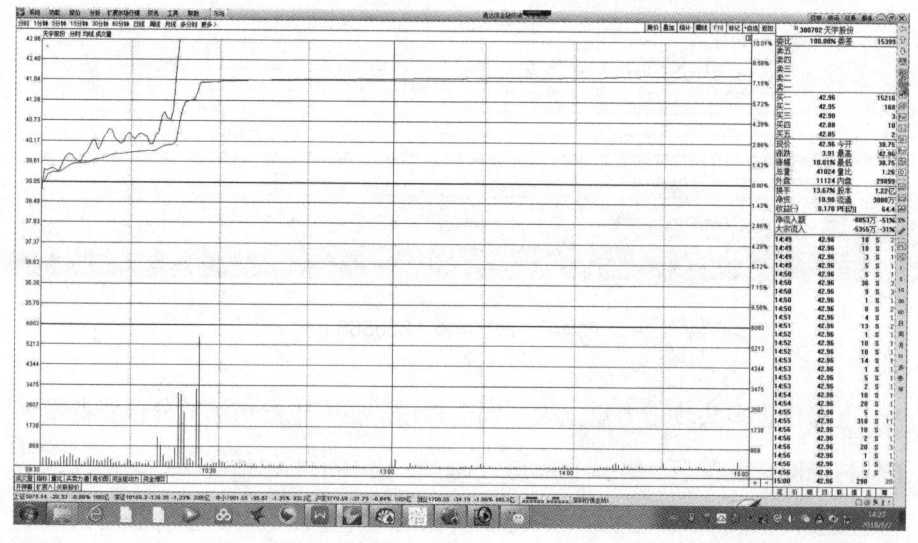

图 4-8　天宇股份（300702）

天宇股份分时涨势坚决、果断，是强庄特征。

图 4-9 新晨科技（300542）

这种分时图的涨停，主力采用稳扎稳打、步步为营的方针，按部就班地推动股价上涨至涨停板，从而不知不觉地达到自己的目的。虽然从分时图上看，股价是一步三折，但分时图形一直在维持着一个上升通道，底部越来越高，表明庄家不愿让跟风盘获取较低廉的筹码。不断地创新高，把上档堆积的卖盘一网打尽，说明主力收集筹码意愿坚决，势在必得。有些关键点位的K线，主力会持续大单攻击，人为地强行放量突破。

最后再说一说在分时图上频繁出现开合式的涨停。就是在涨停板后不久，涨停被打开，股价下跌，但回调幅度不深，其后股价再次涨停，随后再打开再涨停。分时走势呈现"涨停——打开——涨停"多次循环的走势。这些股都是主力在背后暗中有意识地操控盘面，有些是出货的烂板，有些却是在诱空吸筹，这要看具体的K线所处的位置，这一点将放在下一篇分析。

第五章
操作纪律与操盘心理

无规矩不成方圆。按纪律执行,是普通股民进阶高手最后需要突破的一道心理关。炒股就是要管住自己的手,也是一种自律,是自我约束。军队没有纪律,各行其是,别说打仗了,自己都乱套了。股场如战场,严格遵守操作纪律是专业涨停高手长盛不衰的秘诀。股民大多数亏损,就是在亏小钱时不愿斩亏出局,信号都出现了明显的下跌,还是不愿承认错误,把发霉发臭的股死捂在账户里。被套了就说是价值投资,投值投资是买入高成长的绩优股,这是在没买股之前就做好的基本面分析,被套之后再去看基本面,结果看到此股业绩是大幅亏损,这能是价值投资吗?

的确,有时斩仓也需要一种勇气,亏小钱时止损是割肉,亏的多了就是割胳膊割大腿了。很多股民都是赢点小钱走或深套再割,赢大钱的或亏点小钱走的并不多,一赚赚只鸡,一赔赔头牛的股民比比皆是。这些都是没有按照原先制定的操盘计划去操作,而是盘中临时起意,一直在改变最初的战略。原则上,短线看三天,亏赚都要走,这讲的是时间成本与机会成本。

买股票要想做到遵章守纪,只能靠长时间的自我训练形成纪律,刻意提醒自己什么必须做，什么不能做。对每个人来说，最适合自己的东西都是不同的，你必须去寻找属于自己的交易体系。每个投资者都会经历一段整理自己交易体系的过程，像鸟儿换羽，像蛇蜕皮。这一过程最好是避开人群，偷偷进行，直至羽翼丰满再出来亮相。

所以，对于很多人来说，炒股是一种修行，在技术不断提升的同时，也是人格的不断完善，不偏执，不固执。只有在现实生活中不欺骗别人，才能做到在交易中不欺骗自己。

孙悟空本领强大，本可以背上唐僧，一个筋斗云就能飞到西天极乐世界去面见佛祖，可是为什么还要辛辛苦苦地陪着师父师弟们，经历九九八十一难才修成斗战胜佛呢？既然是修行，注重的就是一个过程，不然，只会成魔，不会成佛。

春园之草，不见其长，日有所增；磨刀之石，不见其减，日有所亏。修行就是一个潜移默化的过程，需要一点一点地改掉自身的毛病。

有些新手靠运气刚入市就赚到了钱，可是运气是不可能一直照顾你的，稀里糊涂赚到的钱也会稀里糊涂地再还给市场，一亿块钱和一万块钱的归零速度是一样的，没有正确的操作理念，没有过硬的技术就算赚到钱了也不够后来赔的。

普通人和专业涨停高手的区别在于执行力，高手看到买点不问现价多少，直接高挂几分就追，如果个股出现破位也不会去看亏了多少直接就砍，一切都以制度为准则才能规避人性的弱点，无条件执行，不找任何借口，避免思想上的情绪。

书店的书互相抄袭的多，多雷同，甚至章节，排版都一样。周末我去书店，想买本股票法律方面的书籍，在书店我看到很多人在看炒股的书，琳琅满目的书籍令人眼花缭乱，我翻阅了一本又一本，很令我失望，感觉这些书都没什么实用价值，看了这样的书怎么会炒股，这才使我萌发了写一本实战方面的书的念头。很多书都是看图说话，涨了说涨，跌了说跌。都只是从技术分析上看涨，根本没有结合当时的热点、题材、人气、政策以及外围环境。还有一点就是，股票涨上去了，书上会说这个指标出现金叉，那个也均线多头向上，反正能找出很多上涨的理由，可是在实战中会遇到很多这样或那样的问题，盘中一个洗盘就会把不坚定者洗出来。书中只说对的，不说错的。

还有一些书在给投资者灌输一个抄底的思想，请问底在哪里，真的有底吗？地板之下有地下室，地下室下面有地窖，地窖下面是地狱，地狱还不是一层，而是18层。只有鬼才知道底在哪。我可以说在下降趋势中，任何一个点位买股票都是错误的。觉得我说错了吗？那么我问你，你看到哪一个人通过看了这两类书然后买股成功了？

投资类的文章还有这样一个误区，总是去研究那些牛人的成功方法，关于巴菲特、索罗斯等等的书已经足够多了，但很少有人去写散户怎么赔钱的文章。

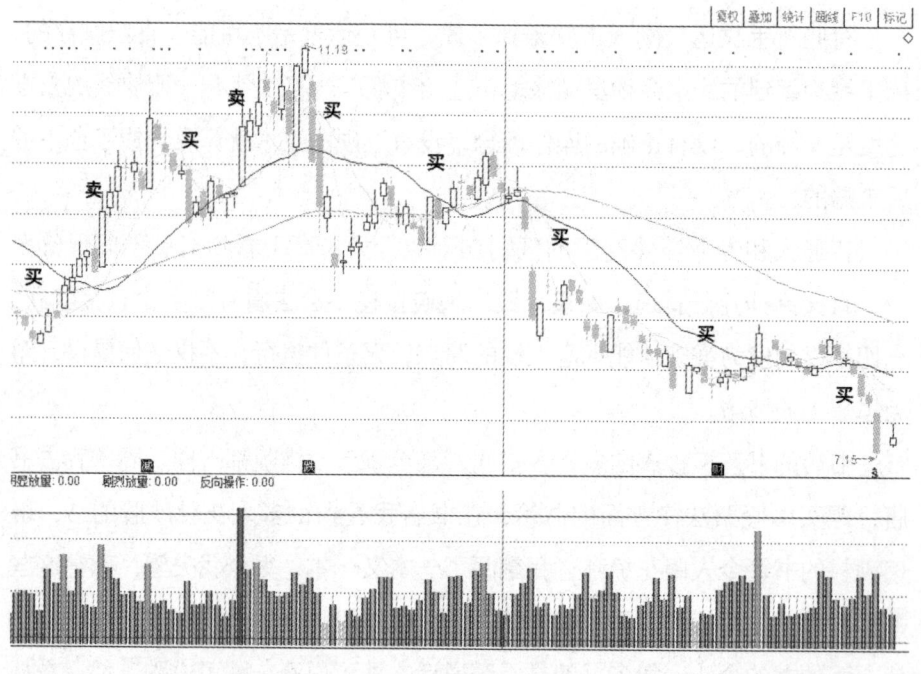

图 5-1

从上面的图例上看，比方说某只股票，股价从 5 块钱涨到 25 元，没有一个人能一路拿住，散户会 10 元买 12 元卖，13 元买 14 元卖，18 元买 20 元卖。但是，如果是在 23 元的价格介入后，股价出现了下跌，散户 22 元不舍得出场，20 元不舍得出场，16 元不会出，10 元更不舍得出，超过一半的人反倒都能拿住了，反正我身边就有人把联络互动（002280）这只股票，从 23 元钱的价格一直拿到现在 6 块的。涨拿不住，跌一定会拿住，这是股民的通病。

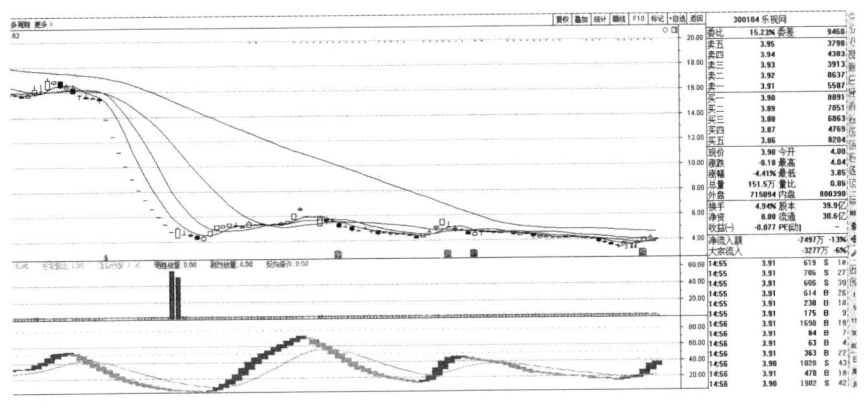

图 5-2　乐视网（300104）

再说国外那些波浪理论、道氏理论、江恩理论都是舶来品，这些理论飘洋过海传入 A 股之后也许会水土不服，要略作修改才能使用。

A 股是政策市，股票的上涨靠消息的刺激来激发，其实想想下跌也是事件的驱动，今年的地雷股、乐视网、獐子岛、保千里、ST 巴士、ST 中安、ST 众合等，都遭遇了重大利空才有了一二十个跌停板，导致股价断崖式地往下跌。

个股发布的利空消息也是花样百出，有老板跑路的，有账面亏损严重，连审计的钱都无法出年报的，也有的报料养的小鱼小虾水产跑了的。股价与消息的配合，真是东北二人转——一唱一和。

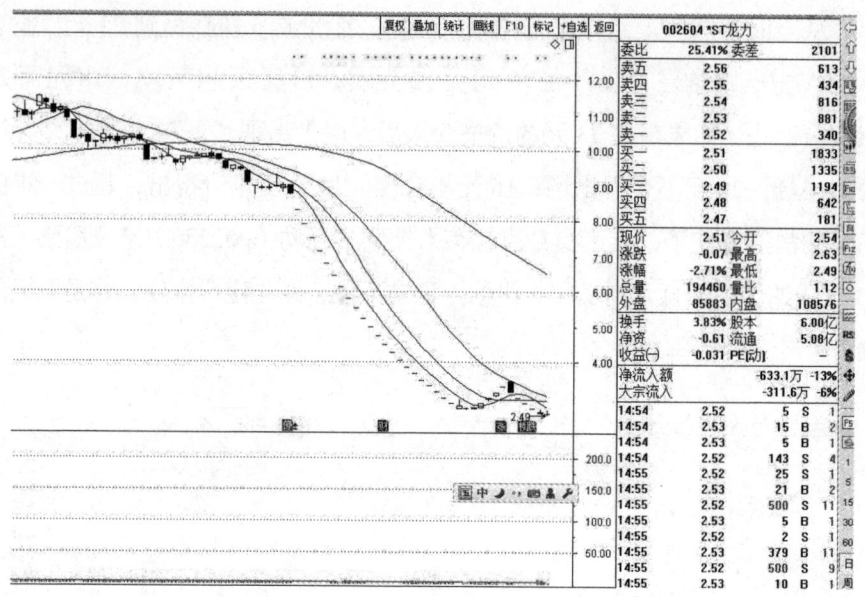

图 5-3　*ST 龙力（002604）

言归正传，下面说一说炒股的原则。

1. 进场操作原则

按照技术指标，选择实战操作最为理想的点位进场。当市场发出进场买入信号时，专业涨停高手坚决买入，除此之外没有别的选择。容易产生误解的是，这个点位不是越低越好，而是越明确越好。

2. 出局操作原则

按照技术指标，选择实战操作最为理想的点位出场。当市场发出出场卖出信号时，专业涨停高手毫不动摇地完成筹码转换成现金的工作。容易产生误解的是，不是个股涨多了卖，而是股价不涨了再卖，不然股票涨点就卖，抓到了好股那也拿不住。我们从不主动出局，而是发现明确见顶信号再出局。

3. 补仓操作原则

补仓即为加仓，是第二个买点的出现，只发生在上涨趋势中的操作，一般亏损不加仓。任何补仓操作都必须要经过充分计划和深思熟虑。实战中，以股价跌幅较大、价格偏低为理由发生的补仓或买入行为都是不可取的，不然只会泥足深陷，越陷越深，直到吞噬掉你所有的资金，遭遇灭顶之灾。

4. 止损止盈原则

专业涨停高手是人不是神，实战中出现某些细小的差错是正常的，但要防止事态的进一步恶化。

资金允许回撤，但绝不允许大范围的亏损。在进场之前就应该把止损点设置好。止损行为意味着承认自我投资的亏损，在资金上认赔，在行为上承认自己的过错，这是对自我的洗礼。止损需要有非凡的勇气和胆量。在临盘实战操作中必须克服斩仓时的软弱和斩仓前的幻想，敢于举起止损的大刀砍下自我的手臂，丢掉了手臂却保住了全身，仍有卷土重来之机。

5. 心态控制原则

炒股最大的敌人就是自己，做选择都是与自我顽固的心魔作斗争，炒股就是炒心态。大师级别的操盘手最后的博弈并非是投资技巧上的高低，而是心理和信念。谁能成功战胜心魔，克服人性的弱点，谁就是英雄。在妖股的操作中，看技术指标的背离去操作，会成为盈利的障碍，因为个股三板成妖之后，MACD、RSI等各项指标都会显示股价严重偏高。

专业涨停高手在市场获利机会来临之前，保持无比的耐心，在市场获利机会来临时能仔细地辨别，在确定获利机会后能以超人的决心大胆追击，在发觉操作行为与实际市场变化出现偏差时敢于自我修正。

只有具备良好的心态，专业涨停高手才能攻无不克、战无不胜。

第二篇

涨停核心战法

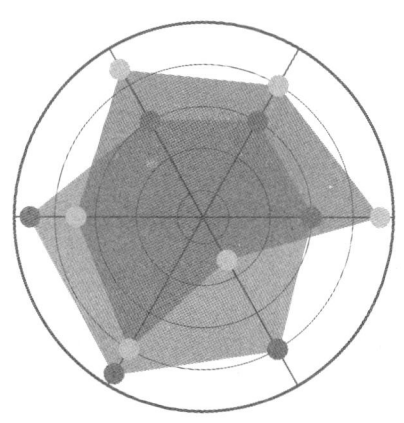

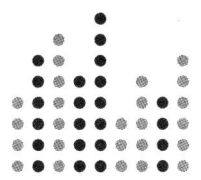

第一章

涨停位置的重要性

掌握一整套成熟的理论,是在实战中取得丰厚回报的关键。一个合格的专业涨停高手,必有一套先进的股市理论来武装自己。我国证券市场是在一个特殊的环境中产生的,投资群体心智不成熟,大多数以亏损为结局,股民嘲讽自己为被割的"韭菜"。专业涨停高手是市场中的精英,他们在散户亏损的基础上摘取属于自己的胜利果实。股市理论是一种战略思维,制约着具体操作的方法和技巧。专业涨停高手必须要对市场有着深切的认识和独到的见解,从而建立一套先进的股市理论。

1. 一种实战操作模式。

证券市场,阶段性价值运动规律是投资股票的核心模式。专业涨停高手都是在实战中不断积累操作经验,并以此形成实战模式。他们根据操作模式制定操作策略,并结合实战效果不断提高和完善。也就是说模式一定要固定,不是自己模式内的,再好也不要。

2. 一种良好的心理状态。

投资心态是一个人性问题,不但需要智慧的浇灌,更加需要实践生活中的磨练。面对同样的事物,不同的心理状态会产生不同的看法,进而得出不

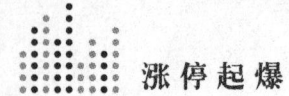

同的结果。培养一个良好的心态涉及个人修养和性格，要经过长期的修炼才能完成。稳定的收益来自稳定的心态控制，越是在激动的时候越要沉住气。

3. 一套严肃的操作纪律。

纪律是专业涨停高手的生命线。遵守纪律的程度直接反映投资者操作水平的高低。宁愿放弃机会，不可错做行情。

4. 一套自己编制的分析工具。

炒股的方法随着科技的进步也变得更加先进与合理。专业炒股高手能根据自己的想法编制公式。现在股票越来越多，复盘时，手动选股真是一个繁杂的工作，好在现在好多软件都自带智能形态选股或一句话选股的功能，使用起来节时省力。

做单必须是顺势，上升趋势只等待逢低做多，下降趋势只等待逢高做空。不做逆势行情。因此看清趋势是一切一切的重中之重，买卖可以做错，但方向决不能看错。市场流传着一句话，会买的是徒弟，会卖的是师父。其实这句话说错了，只有买得好才能卖得好，买对了谁都会卖，买错了只有割出来。由此，我们将通过以下两节，详解不能买股的位置和一定要介入的位置。

买股要剪断亏损，让利润奔跑。那就先讲讲怎样避开亏损。

第一节　打板否定位置

一、操作要点

1. 下降趋势线下不打板。
2. 假突破不打板。
3. 五浪末端不打板。
4. B 浪反弹末端不打板。
5. 浪峰上不打板。

二、机理解剖

一条下降趋势线有效规避了杀伤力最大的主跌浪，少亏就等于多赚。再说既然是假的突破就不是有效突破，追进很容易被套。所以，以上列举的五点，都是容易买入套牢的点位，炒股一切的技术都是为了减少失误率，提高成功率，所以牢记本节的"否"，具有极高的实战价值。

下面多举一些实战图谱进行讲解。

如图 1-1 所示，为了让大家看得更加清晰明了，我们没有叠加任何的均线指标，只划了一道下降趋势线。该股在 2017 年的 11 月 15 日 K 线图上出现了涨停，但随后股价出现了三根大阴线的下跌，把前期所有的涨幅都吞没了，随后股价创出了新低。如果股民在涨停的当天，盲目介入必然会是亏损累累。所以处于趋势线下的个股，我们一律把它看作下跌走势，不去提前抄底，也不去做提前买入，不然既浪费了时间，又损失了金钱。

图1-1 超华科技（002288）在2018年的股价走势图

如图1-2所示，2018年5月10日收出了一根涨停板，随后隔日出现了突破箱体的走势，但是行情并没有阶段式地上涨，而是出现了下跌，这是什么原因呢？答案只有一个，那就是主力在诱多。

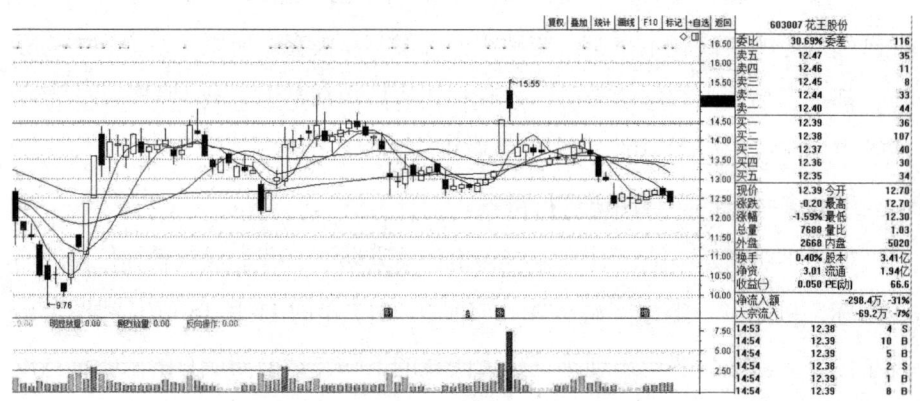

图1-2 花王股份（603007）近期走势图

如图1-3所示，从时间上来看是秒板，普通的投资者根本无法介入，而且当天封板坚决，中途没有打开。当天收盘复盘，喜欢看涨幅榜的股民都会发现这只个股而且会加入自选,如果真的在第二天追高买入,那么回报给投资者的就是严重套牢。不要说没有人会去买,从当天的巨大成交量来看,介入者还不在少数。当我们判断出这是一个虚假的突破,不但不要介入,如果持有此股还要果断出局。因为如果确认为假突破,那么这个位置就是箱体的顶部,价格成本比任何一个点位介入都要高。所以买股,一切都要等到行情明朗后再做决定。

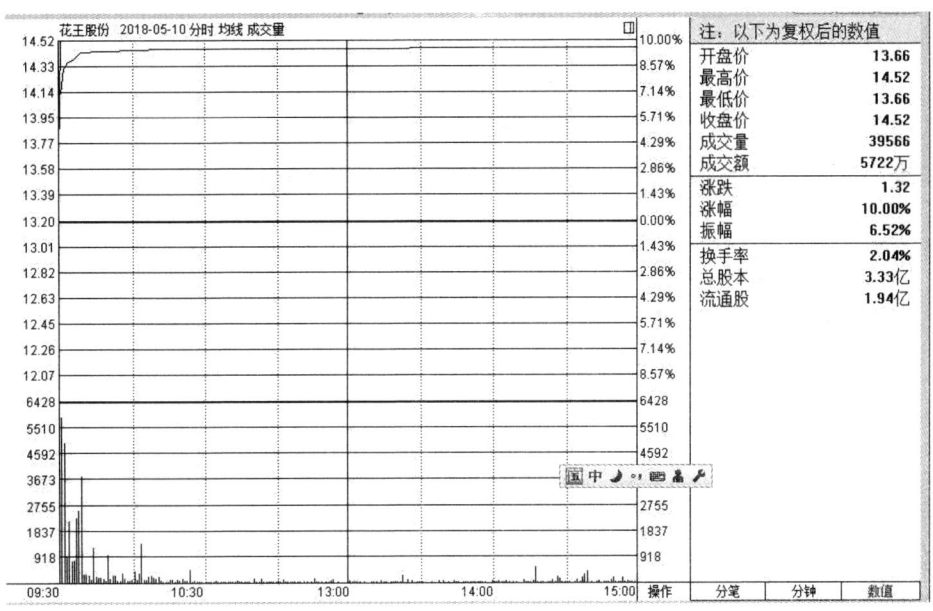

图 1-3　花王股份当天涨停的分时图

普通的股民一看见涨停板就像是打了鸡血似的,立马就要下单买入。如图 1-4 所示,图中矩形区域视为主力建仓吸筹区,随后主力拉升了明确的五浪上涨。如果在 1.3 浪的末端打板后市还有可能解套,因为 5 浪的高点是要超过前浪的,但有一点就是 5 浪不能走出失败图形。但如果套在了 5 浪的顶点,那就真的要在高山上站岗了。5 浪走完代表着节段行情的结束。后市都是要走 A、B、C 三浪的主跌行情,股价会从哪里来回哪里去,炒作过后,一地鸡毛,故 5 浪末端不打板。

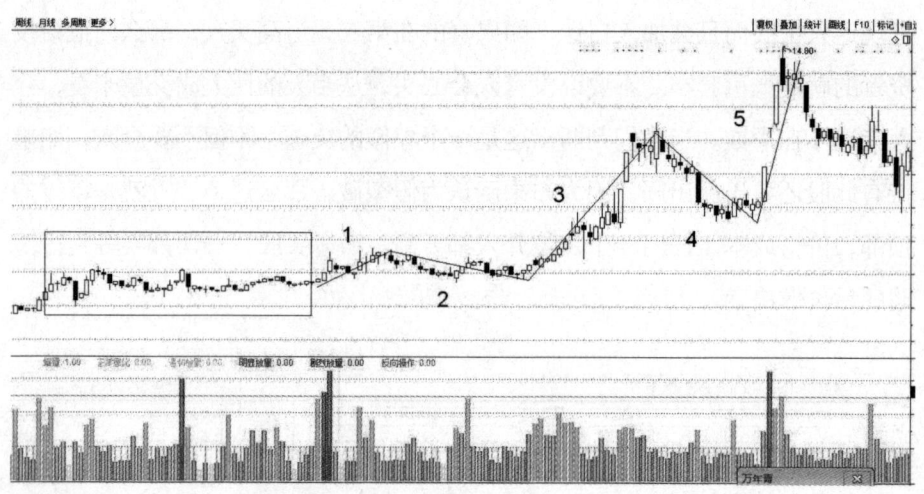

图 1-4　万年青（000789）在 2017 年到 2018 年的 K 线走势图

如图 1-5 所示，在股价下跌的过程中，于 B 浪反弹处出现了涨停板，如果投资者盲目追进，后市将面临短期内巨额亏损，短期套牢百分之三四十。B 浪反弹结束，股价重新步入下降趋势，走大 C 浪的下跌，图中可以看到，股价从 36 元短期爆跌到了 24 元。虽然后市股价出现了一个修复的过程，也仅仅是微利解套，再说能扛过大幅下跌又能拿到解套的投资者少之又少。

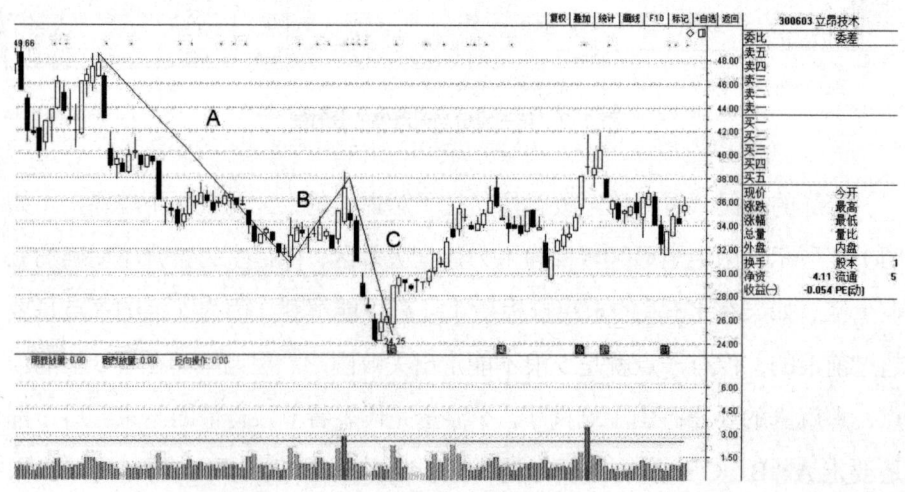

图 1-5　立昂技术

庆幸的是，这还是一只为数不多涨回来的案例，股价爆跌后再阴跌，一直处于茫茫下跌道路中的个股就没有这么幸运了，没有个三五年都解不了套，只能熬到下一次大牛市的来临才能出逃了。不但B浪末端不买股，严格来说，整个下跌浪最好都不要去参与。

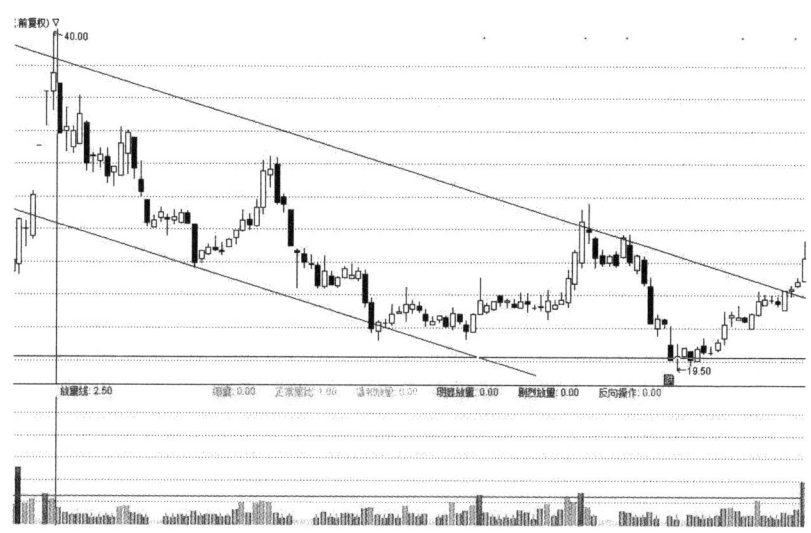

图1-6　久吾高科（300631）

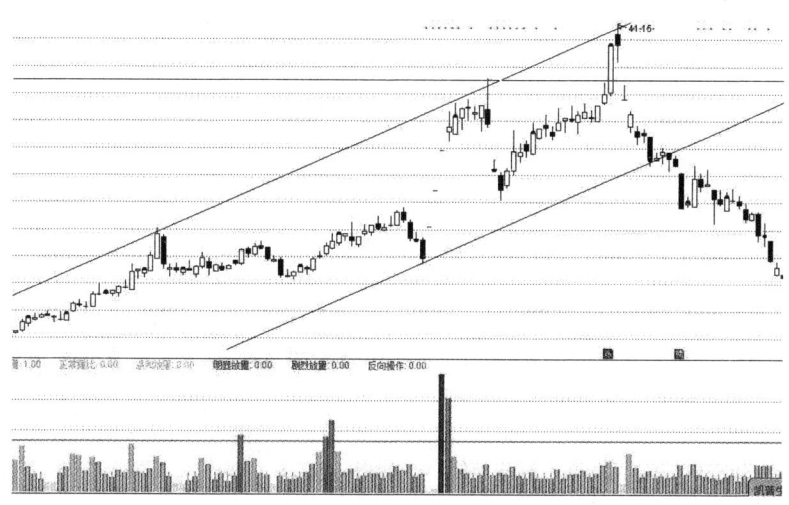

图1-7　凯普生物（300639）

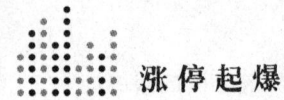

从以上两个图例可以看出，不管是下跌浪的浪峰还是上涨浪的浪峰，都是一个强阻力区，买股不能买在压力位，不要再犯这些低级错误，请投资者多找一些图形案例再进行揣摩、感悟。言之谆谆，而听者藐藐，觉得笔者讲得很简单，但是简单的东西却是最实用的，越是简单的东西越不容易坚持。

买股就是做大概率事件，不能以点概面，也许以上五种位置出现后，十只个股有一到两只后市涨幅还不错，但绝大多数都是利润空间很小，更多的是下跌，在以上五个关键点位，冲高回落诱多骗线的更是数不胜数。君子不立危墙之下，见到这些点位都要及时回避，而不要再抱有侥幸心理。

第二节　打板肯定位置

一、操作要点

1. 在突破了下降趋势线后，有效站稳多空分界线，行情出现了有效反转时打板。
2. 在多头行情确立后，在上涨途中的1.3.5浪的起点位果断打板。

二、操作要领

1. 投资者可在上述位置，在股价即将涨停板时及时跟进，以涨停板价挂单，否则不参与，中短线操作皆可。
2. 在涨停后，第二日逢低跟进。

三、机理解剖

在上一节"NO"、"否"、避开了"不是"的前提下，剩下的就大大提高了"是"的成功率。剔除了一个"反"，余下的就是一个"正"了。在临盘中，发现高确定性买点，要第一时间，第一买进。

下面举一些我们私募做的一些成功的案例，来与大家分享。

万兴科技在有效突破下降趋势线之后，走到了多空分界线的右侧，此时空方没有出现反扑的局面，代表是真突破，后市出现了强势拉升，这说明技术面上出现了有效反转，多方控制了局面。此股短期爆涨也有消息面的配合，众所周知，从2015年伊始，国际炒家就大炒比特币，从最初的0.39美元，到鼎盛期的最多突破两万美元大关，涨幅简直超乎人们的想象。比特币的狂热，带动了挖比特币矿机的需求，而挖比特币的矿机需要大量的高端显卡，从2017年开始，国内显卡的价格就一直在上涨。到了2018年三四月份，市场又出现了一个新的热点，那就是芯片。受贸易战的影响，国内自主研发高端集成电路的企业，受到了政策的扶持。由此我们研判，该消息必能带动相关上市公司的业绩大幅度提升，进而直接引导二级市场中股价上涨的表现。大环境决定小股市，我们炒新一族完全有理由相信，万兴科技的涨幅一定会让我们惊叹！

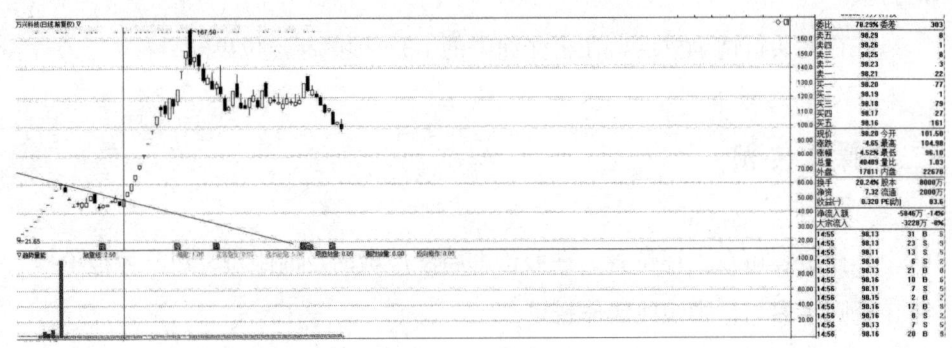

图1-8 万兴科技

炒股除需要一定的智商以外，还要有较高的情商，对于未来行情的上涨要充满想象力。万兴科技集物联网、集成电路、芯片、5G概念于一身，属于计算机板块，此时不涨，更待何时，所以股价从不到50元见底以来，一路强势拉升，历史最高价为167多元。我们公司于50多元逐步分批分仓介入，在120多元处分批出局，把利润留点给别人，也就把风险同时转嫁给了别人。

这里点到一点，九成的次新个股在行情经过充分调整之后，再重新上涨拉出的第一个涨停板，都可以去大胆追击，后市或大或小都会有一波行情。次新股刚刚上市，业绩还在包装期，而老股的业绩容易变脸。就像小年青刚刚结婚一样，新婚燕尔的日子还是很好过的，过了六七年，就会经历七年之痒，加再上生活的重负，感情就容易破裂。

图 1-9 顶点软件（603383）

顶点软件自有效突破下降通道线的上轨后，股价接连收出几根阳线，表明主力是有备而来。来者不善，善者不来，按照市场规律，股价必然有再度上涨的可能。这样的庄股，我们就是要买，而且是大胆买，因为其后市必定要上涨。

顶点软件，顶点顶点，一个好名字预示着一个好兆头，炒作软件个股，板块都在上涨，顶点哪有不涨的道理。再说顶点软件的市场份额占有一级江湖霸主地位，我们预测其在二级市场必有不俗的表现。

后来我们私募逐渐加仓，在拉出第一个大阳线之后，股价一路上扬，给了投资者一个丰厚的报酬，也给了投资者好的惊喜与回报。

第二个交易日，顶点直接跳空高开直奔涨停。一天就如此轻松的又增加了 10% 的利润。

第三个交易日，股价再接再励，顺势高举高打，再次涨停板。

标的个股在第四个交易日如期再次涨停，四个交易日拉出四个涨停板，股价走势真乃一气呵成，气势逼人，说明庄家来势凶猛，短期内上涨动力十足，真是涨停急先锋，急也，急也。

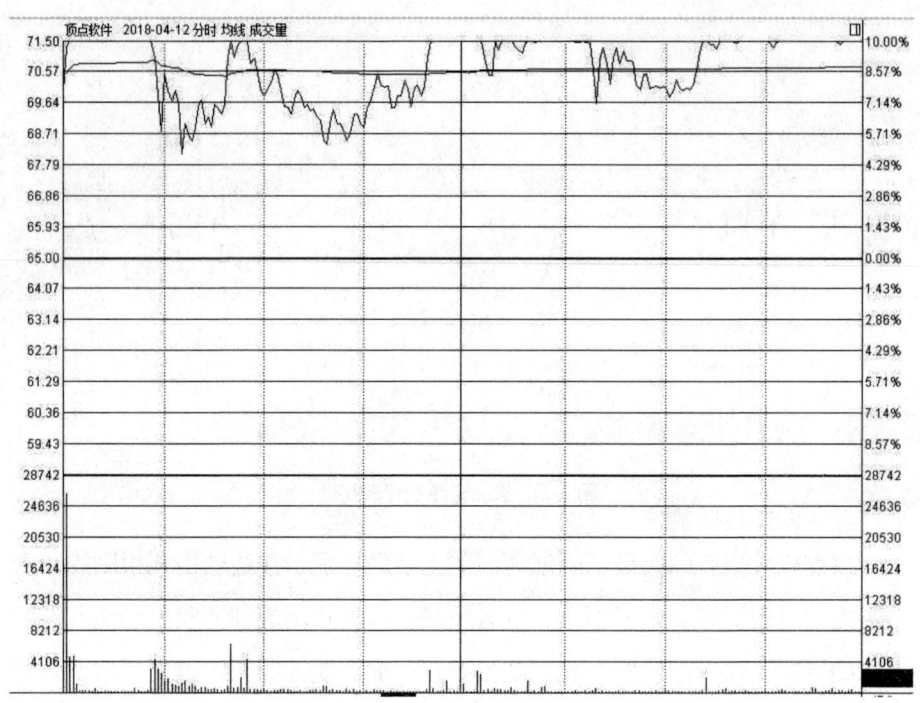

图 1-10

但在 10 点左右，涨停被巨量抛盘打开了，股价分时图上大张大合。虽然涨停是股票单日最强表现，但有时庄家常常利用这种强势的市场来麻痹普通投资者，让非专业人员误判市场强势，其实这种涨停板是笑里藏刀，暗藏杀机。主力耍的这种小把戏，自然逃不出我们专业人员的眼光，在我们看来，股价虽然表现为涨停板，但是庄家却利用涨停板的方式在暗暗地出货，全天未涨停的时间明显大于封板的时间。反正已经吃饱喝足，你跑我也跑，清仓出局，落袋为安。

从顶点软件的介入点来看，我们找的买点很好。股票是往右看的，而不是往左看的，是不是有效突破，要看能不能有效三日站稳，这是一个三日原则。所以线下看空，线上看多。

重点：买股必须等确认，如果只突破了一天，然后又下来了那是不行的，所以要有三根确认 K 线。

上面说的是突破趋势线的例子，下面再来看看 1.3.5 浪起涨点的例子。

图 1-11　四方精创（300468）

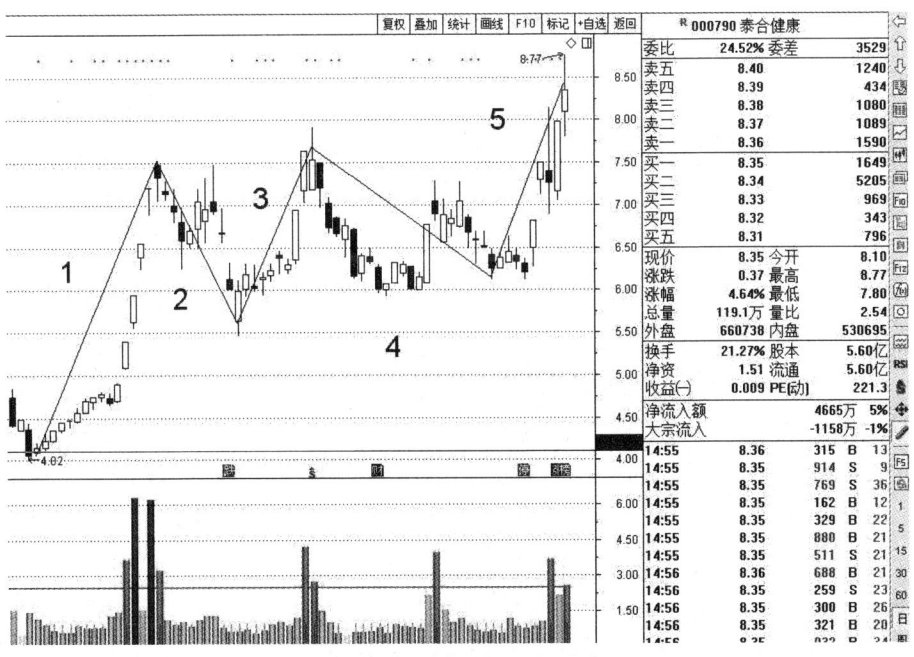

图 1-12　泰合健康（000790）

以上两个图例分别是四方精创和泰合健康。四方精创是次极趋势中的小5浪，泰合健康是主要趋势的大5浪。这些上涨都是在上涨信号明确之后，以涨停板的方式发动行情的。在1.3.5浪的波谷处出现涨停需及时跟进，短期都有不少的收获。泰合健康是一个中小盘个股，但小人物能办大事，股性活跃，涨停又见涨停就很有说服力。

泰合健康在第1浪就敢于拉出4个涨停板，表明庄家操盘手法凶悍、老道，也展示出庄家的实力和信心，反应出庄家有一种迫不及待地拉高建仓的欲望。大主力在吸纳筹码，有庄的股票就是宝，有强庄的股票就是财富的宝藏地。我们唯一能做的就是买进，买进，再买进。

泰合健康是生物医药股，在见底后，主力庄家放量直线拉升，然后维持高位震荡，但是不管怎么清洗浮筹，股价就是没有跌破60日生命线，我们推断此股一定有强庄在里面主持大局。果不其然，在2018年5月30日，大盘受外围因素爆跌的那几天，盘中绝大多数个股呈现一片绿油油的环保色，此股却与大盘走势截然相反，五天拉出三个涨停板，不愧具有黑马精神，看来庄家后期必有更高的目标，后市到底行情能够走多远，我们拭目以待。

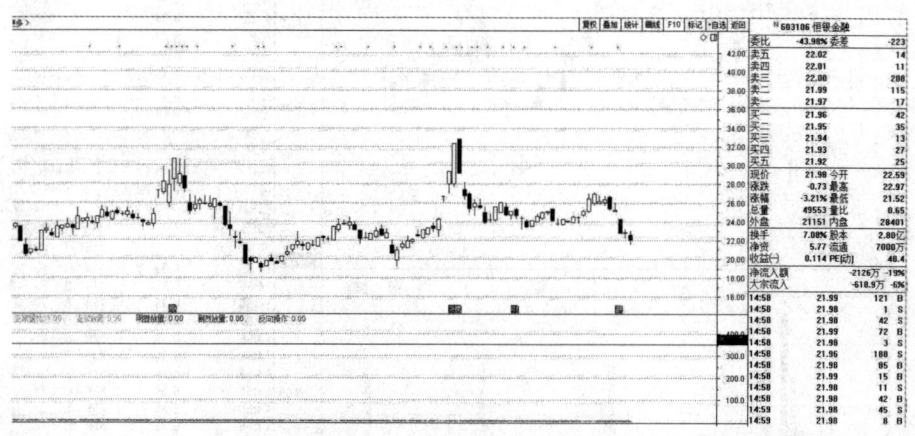

图1-13　恒银金融（603106）

买股要讲究盈亏比，只要行情明确，我们就要勇敢追进。上图是次新股恒银金融（603106）的走势图，在充分调整后，第一次是以T字板的方式拉涨停，后面迎来了一个涨停板，在整理一段时间后，迎来了第二个T字板，后面收出了两个涨停。谋事在人，成事在天，行情给多少，咱们就拿多少，主力进咱们就进，主力卖出咱们就跟着卖出，与主力保持高度同步。恒银金融在行情结束时，收了一个"乌云盖顶"K线形态，这种顶部的巨量长阴预示着股价后市将走向死亡。"乌云盖顶"表示着主力是以一种极端的生硬手法在出货，后市杀伤力极其巨大，这种形态让人心生寒意。巨大的卖单蜂涌而出，异常的成交量说明主力去意已决，其后个股展开了一轮快速下跌行情。

行情在某个时间段有某个时间段的特点。在行情起动时，就应买入这种类形的股票，当主力拉出第一个涨停板时要勇于追进，不要怕高，高点都是用来突破的，有新高就还有高，直到不创新高。而且买入后心态要放平衡，不能一涨就要急于卖出，否则好股票也是拿不住的，总是提前下车，而没有吃到最肥美的一段。

股民要做一名学术型的股民，而不是做娱乐型的炒手。炒股是件很严肃的事，都是真金白银去交易，容不得半点马虎，不要随意去拿自己的金钱去做试验，没有把握不要进场。股票是一门艺术，这门艺术是综合艺术。指标很多，理论很多，在实战中要综合运用，融会贯通。世界上没有两片相同的树叶，股票也没有两个相同的走势，历史会重演，但不会是简单的重复。

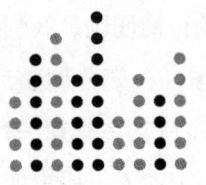

第二章

K线揭密讲解

戴花就戴大红花,买股就买大黑马。黑马股一般从两种股票中产生,一种是质地好的白马股,另一种则是从低价低位挖掘出来的题材股。受重大利好的催化,个股连拉几个涨停是常有的事。成败在于细节,以下章节将对涨停基因进行剖析。

第一节　K线组合的重要性

当一只股票连续上涨,分时图上的涨幅到了7%以上就到了涨停临界点,此时很容易封上涨停。如果分时的涨幅只有百分之三,百分之四,那么这种个股的上攻动能不足,就不容易出现涨停。早盘在有利好消息刺激的前提下,高开幅度越大的个股越是容易涨停,一字板打开瞬间,开闸放水,更容易涨停。接下来我们主要研究涨停板之前,前一段交易日里的K线组合、K线语言,包括K线形态、K线结构,对涨停板的一些助推因素,或者说是支持后市涨停或是能够让股价涨停的几个重要因素,本章节将进行详细

第二篇 涨停核心战法

讲解。

K线组合在实战操作中有着举足轻重的作用。纵观市场所有的股票，不是市场上所有的机会我们都需要把握住的，有些股票的涨停有它的偶然性，有的具有特殊性。不"是"的，我们就不做，我们是做"是"的，只做符合的，也就是说不做偶然的，只做必然的。买股票，要有支持看涨的依据，股票是会说话的，读懂了K线所说的语言，就明白了市场所想表述的含义。有些个股的涨停，在涨停之前很难捕捉到涨停的动因，在弱势行情中，很难发现涨停的先兆，弱势横盘中的个股很难发现它会上涨，这些都是我们需要放弃的目标个股。

图 2-1 吉峰农机（300022）股价走势

如图 2-1 所示，2018 年 6 月 1 日，该股开盘直接一字涨停，在没涨停的前一天，这种弱势票谁敢说它一定会涨停，或者涨停的概率是多少呢？在涨停之前信口开河地说它会涨停那是不负责任的。除了主力庄家以外，知道它会涨停的，要么是神仙，要么是神棍，而神仙是不存在的。在这个位置的涨停都是一些特殊原因造成的（国家突然发布惠农政策，对农机板块是一种利好）。三千多只股票，这个涨停那个涨停，这里不作追究，也追究不了。有些涨停确实是我们无法掌控的，不是我们技术不够，是全中国都找不出一个能把每天的涨停板都尽收囊中的人，我们只做我们能把握住的。

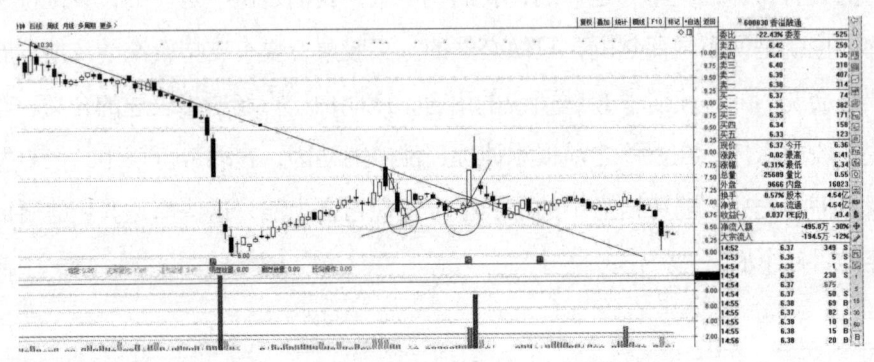

图 2-2　香溢融通（600830）

如图 2-2 所示，在它的这个 K 线形态之中，在拉出涨停板之前，两个圆圈处，是上涨下跌再上涨，走出了一个小 W 底的结构。我们可以看到，在第一个底的位置有一个锤头线，接着收一个小阳线，加上前一根阴线，这三根 K 线组合是一个底分形结构，然后价格冲高回落不见新低，在突破下降趋势线时拉出了一根涨停 K 线。

这种底部抬高的个股，双底形态结构可能会涨，但绝不能据此判断一定会涨停，或者涨停的概率有多少，谁也不敢去说它一定会涨停。也就是说这个涨停板有它的偶然性，是小概率事件，如果没有博鳌论坛的消息刺激，它是不会涨停的，按形态结构去分析，潜伏进去拿个涨停板是不现实的，而且股价是一直处于下降趋势线以下。

如果香溢融通抓不住，那么像雄塑科技（300599）这种形态的个股我们能不能抓住呢？答案是肯定的。买股无非就是看看成交量，看看指标，看看 K 线形态，无外乎就是这些东西，关键是要从这些东西里面嗅出有价值的信息。

雄塑科技这个走势结构，我先来划几道线以便进行分析。按形态来分析这是走的大的双底结构，在第二个底收了一个明确的底分形结构。按趋势线来划分，圆圈处股价突破下降通道上轨，同时也突破了双底形态的颈线位，并且有效站稳，收出了一个上升三法形态，多个看涨的理由形成共振，这才支撑了股价有力地上涨。关于三法形态，下一个章节重点讲解，本节是论述课，只说K线语言的重要性。

图2-3　雄塑科技（300599）

有技术做支持，有K线形态做支撑，多个条件同时具备，我们就可以大胆地去买它。雄塑科技后市能有持续性的行情，这就是前期的K线组合铺垫得很好，由此说明K线语言极其重要。

重点：

1. 上升三法形态。

2. 突破重要阻力位，后高超前高。

3. 明确的底分形。

4. 量价配合，量升价升，量价齐升。

买股一定要明白K线语言的内在含义。我们再来分析雄塑科技的两个底，第一个底，在股价下跌的末端，K线上收了一根长阴之后，收了一串极阴极阳的小K线，8根K线都没有收复阴线的一半，说明反攻的力量非常的弱，虽然是在筑底，但是模模糊糊的，底分形形态不明确。在第二个底就非常明确了。绝地反击加好友反攻,很快多方夺回了阵地。有一个重点,就是在突破底分形的时候,必须要有量能的配合,股票要想往上涨必须要有成交量的有效放大,如果成交量没有有效放大,那么它的突破是没有力道的,行情走不远。

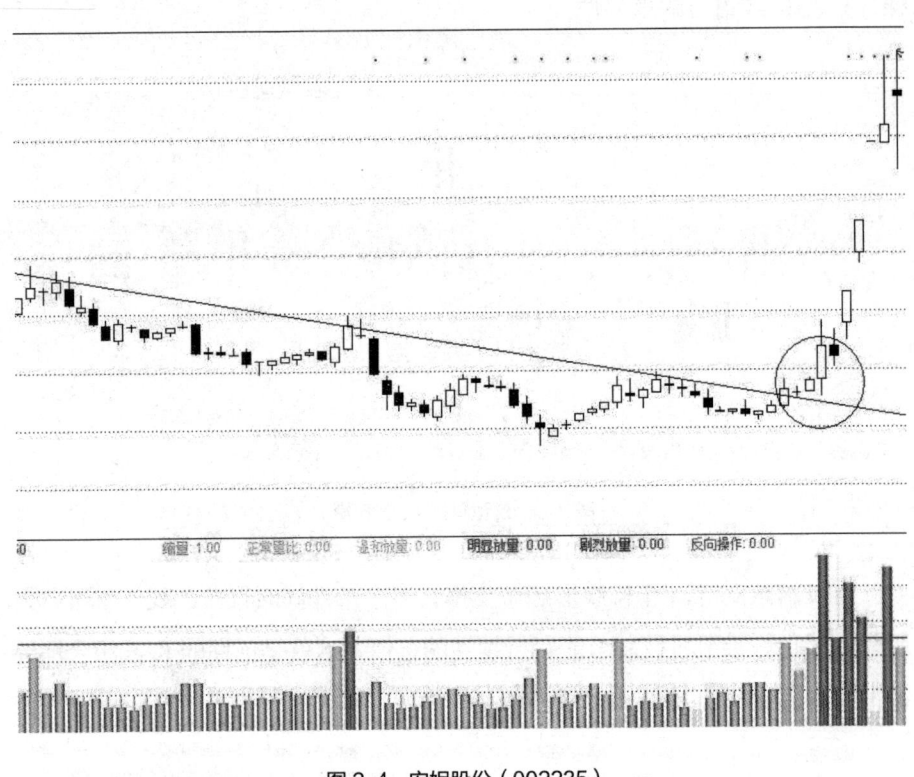

图 2-4　安妮股份(002235)

上图安妮股份一例,突破重要阻力位,后高超前高,量价配合,量升价升。

以上两个图例,是安妮股份两次极速拉升的行情走势。我们的分析方法是可以复制的,两次的拉升两次放量突破重要阻力位,有明确的底分形,有上升三法形态。

授人以鱼,不如授人以渔,学会了分析方法,当你们发现这样的技术图形后,都可以买到这样的股票了。

第二篇　涨停核心战法

图 2-5　安妮股份（002235）

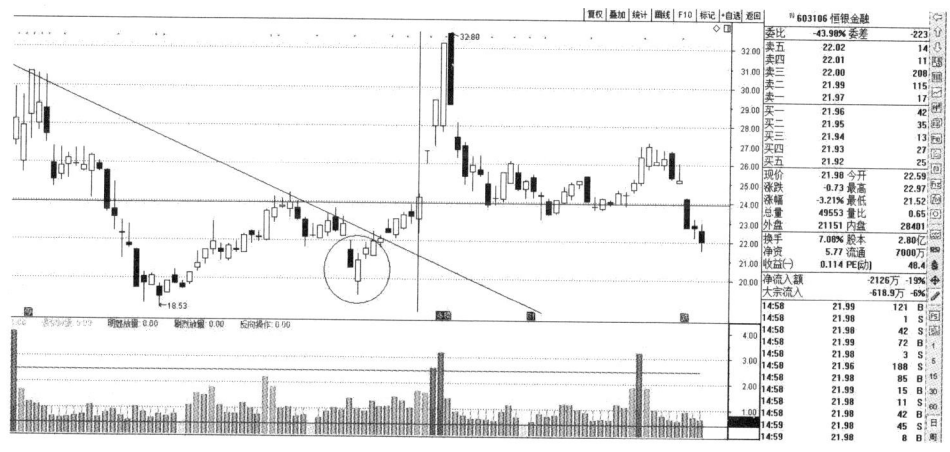

图 2-6　恒银金融（603106）

一只股票能不能涨，由市场说了算，由 K 线形态说了算，由我们的技术分析四大重点说了算。恒银金融，在发动行情以前，出现有明确的底分形，有了关键点位突破时的明确放量，阳阳搓揉的上攻形态，所以我们传授的技术是可以经过市场的检验的。

我们只做符合图形要求的个股，找到之后积极参与。不是我们的菜，我们不去介入，就连基金经理都不会试图一网打尽所有的赚钱机会。

上述四点，既是肯定法，也是一种排除法，下面举一个图例，让大家独立思考，找出重要的四个要点。

图 2-7　九典制药（300705）

第二节 K线语言之起动形态

在K线语言组合中,有三种看涨起动形态。

1. 绝地反击。

2. 好友反攻。

3. 并列阴阳线。

此三种形态出现在股价下跌的底部,是筑底形态,如在上涨中途出现,则代表着调整的结束。这三种形态都是股价从高点开始下跌,先跌破操盘线10日均线,或是20日均线,或30日,也许是60日,然后见以上三种形态,拉出一根强有力的大阳线,再重新涨上来站上操盘线的K线结构的K线组合。这里科普一个基础知识。5天均线为攻击线,10均线为操盘线。我炒股喜欢看20日均线,20日均线为修正线,也称为万能均线,此均线介于短期与中期均线之间,既兼顾了短线的灵活,又具备了中线的趋势。

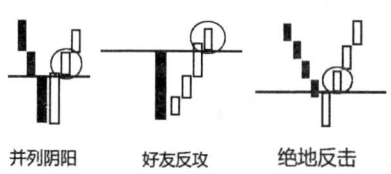

图2-8

股价见底以后会触底反弹,开始上涨的这个位置是起动点,起动点意味着下跌的结束,也是上涨的开始。这个节点具体在哪个点位,图例都有标注,上图三个圆圈处的标注都属于起动点。万变不离其宗,所有个股的起动形态,花样再怎么翻新,无外乎都是这三种基本图形的变形,实盘中只是存在着或多或少的差异。

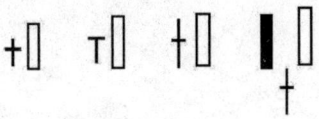

图 2-9

实盘中的变异形态，比方说并列阴阳形，在大阳线之前，有可能不是阴线，可能出现的是十字星，T 字星，或螺旋桨或是三根组合的启明星，然后出现的大阳线都称为并列阴阳线吞没形态，性质是一样的：前面是阴，后面是阳。

机理解剖：起动即启动、发动、开动。股票的上涨，必须要有一个起动点的标志出现。起动点以下视为筑底结构，跌下来再也跌不动，说明空头力量衰竭，底部的阳线代表买盘的涌现。待阳线吞没下跌末端的最后一根阴线的顶部后，第二天多头继续反攻收出的这根阳线，称之为起动点。

股价从高位下跌以来，在低位收十字星，收反转大阳线，是底部的一种确认标志，随后的阳线是起动点，起动点是一个确认形态。没有起动点，筑底有可能失败。

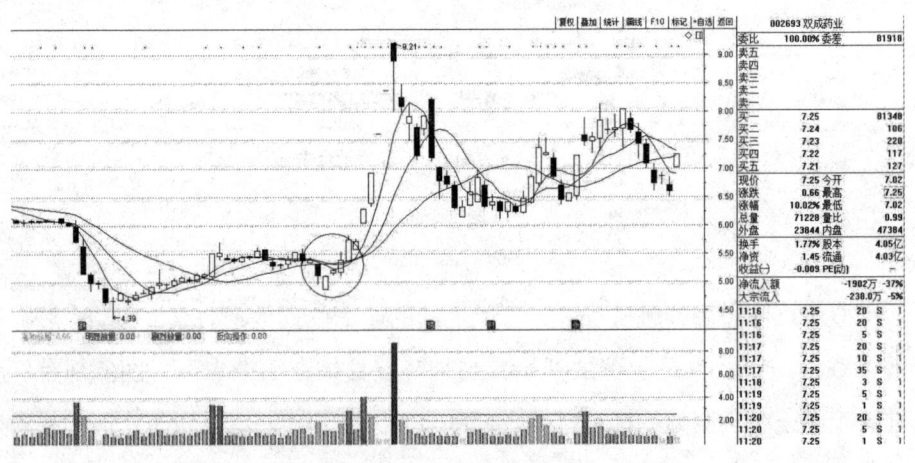

图 2-10 双城药业（002693）

图例中，圆圈处股价回落后，又重新站上短期均线的标志性K性就是起动点。图例是起动加起爆的行情，但起动点不同于起爆点。

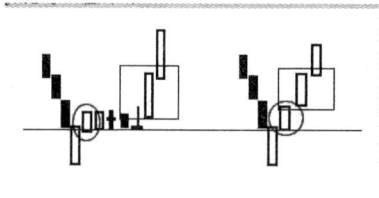

图2-11

上示意图圆圈处为起动点，起动点出现之后，有可能出现横盘震荡，做一个箱体整理的动作再起爆，也有可能会是第二种的直接起爆。

起动点与起爆点最大的区别，在于股价未来可期待的空间大小不一样，或者时间不一样。如果在起动点去买股，有可能直接拉上去，也有可能要拿个一周两周，震荡几天再拉上去，也有可能震荡以后股价图形走势会失败。如果在起爆点买股票，通过了起动点的起动，通过了横向整理，出现了多方炮、叠叠炮、上升三法等这些上攻形态，再出现阳阳搓揉，然后起爆，此点称为起爆点。

在起爆点，会出现两种情况。一、真突破上去。二、假突破下来。不管是真还是假，这个过程主力都会速战速决。爆，就是速度快。如果是真突破，很容易出现连续涨停的凌厉上攻。因为股价在前期已经做足了充分的整理，个股从触底反弹——横盘整理——攻击，主力已经做足了功课。攻击要连贯，突破就是所有环节的最后一环。在此点位，股价说涨，涨得快，如果下跌，也会高山滑雪式地直线下滑。败下阵的多头也会纷纷缴械投降，弃甲而逃，但这个比例不足两成。

从起步期，发展期，辉煌期到灭亡期，这是事物的发展规律，我们讲技术就是让你懂得股票的发展规律，明白每个点位的性质。买股要树立大方针，克服小农思想，当学会了这些大道理，很多东西就变得很简单了。

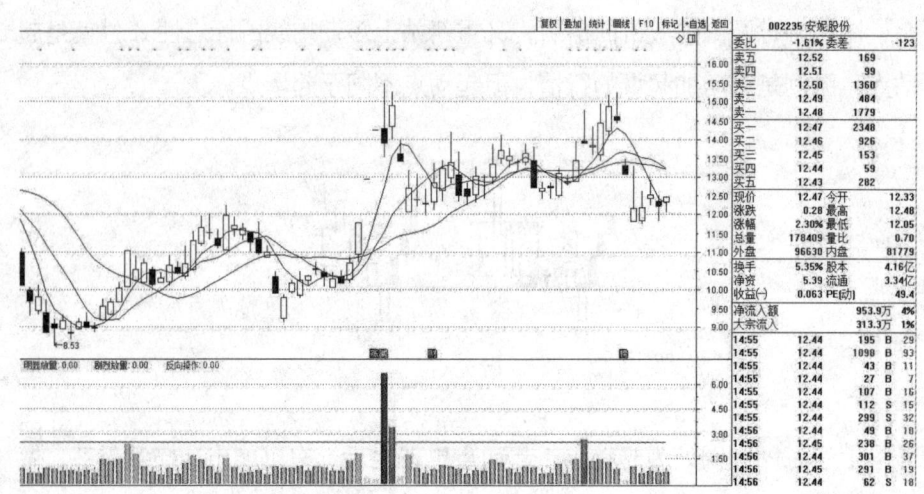

图 2-12　安妮股份（002235）

也并不是起爆点会涨得多，也不是起动点不会涨，不能一概而论，这和股性、板块、大盘环境多方面因素有关系。

安妮股份就是在起动点处，经过几根 K 线的整理，由多方炮后阳阳搓揉发动的行情。安妮股份的技术要点是，在第二个底部收出了绝地反击线，形成双底形态，并且二底抬高，二底如果不抬高，宣告形态失败。这也是一个重中之重。如果在第二个底部落地时，没有抬高，一律把它归入下降趋势，坚决回避。

只有二底抬高才确认了上升趋势，才有了买入的理由。K 线语言在关键区域所起到的作用，就是在关键位置寻找可投资机会。一旦确定个股在走上升通道，并且大的格局没有问题时，要大胆及时跟进，这就体现了 K 线语言的魅力。

如果我们开车出行，在高速驾车行驶时，不可能只看车头前的两三米远，更不可能往车后看，这就是说买股要有大战略，大方向。

走出来的 K 线已经成为历史，我们不可能让时光倒流再去参与。我们只能往后看，可是后市还没有走出来，该怎么去做呢？太阳底下无新事，任何事物都是有机可寻的。我们只有根据事物发展的轨迹，去推断未来有可能出现的走势。强者恒强，弱者恒弱。强，强，强强强，弱，弱，弱弱弱。上涨趋势越走越强，下跌趋势越走越弱。火车、航母没小汽车起步快，但是一旦起动，也是任何人拉不住的。

  K线语言就是一个案发现场，每根K线都是主力留下的破案信息。去发现有价值的信息，然后推断主力的行为意志以及产生的过程，这就是技术分析。技术分析的过程，就是破案的过程，不能放过任何疑点，任何一根阳线都代表着买盘的力道。

第三节　K线语言起爆形态

K线起爆形态决定了主力的操盘手法，是抓涨停板的重要依据。临盘操作中，依据指标的金叉死叉都没有关系，抓涨停板必须要对K线形态有一个清晰的认识。本章节将着重讲解能够有效带动个股上涨这样一种爆发形态的讲解。

起爆形态包括以下三种：

1. 上升三法形态。

2. 多方炮形态。

3. 阳包阴吞并反转形态。

K线起爆上攻形态当中，最经典的当数上升三法形态，三法形态是极具爆发力的形态，也是抓连续涨停的一种形态，或是连续上涨的形态。起爆形态有很多，当属上升三法最具有攻击力。三法形态代表在某个时间段，主力操盘手法的表露现象，所以三法形态的重要性不言而喻，是其他形态所无法比拟的。

标准的上升三法形态定义：在上升趋势中，前期收出一根大阳线，在此长阳之后，出现三根小阴线，显示先前趋势所面临的一些压力，但股价并未刺穿阳线的低点，随后高开并再次形成一根强劲的阳线，且收盘创近几天的新高。从而确认了后市价格的运动方向，这就是上升三法。

变异上升三法形态，两根阳线中间可以夹杂四根到五根或阴或阳的几根小K线。

上升三法技术操作要点：1. 股价处在明显的上升趋势中，5、10、20、均线呈现多头排列；2. 形态中间的三根小阴阳线波动的最低点，原则上不要超过第1根大阳的最低点最好，允许有少许下影线，并且成交量处于萎缩的状态；3. 最后一根大阳线越长越有效，并且成交量要出现明显放大态势，最好超过第1根大阳线的量。

第二篇　涨停核心战法

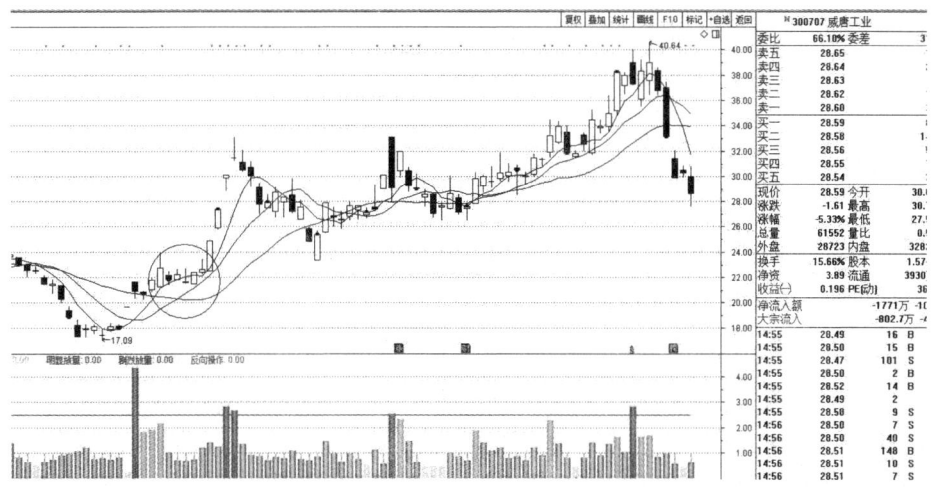

图 2-13　威唐工业 300707（圆圈处为技术要点）。

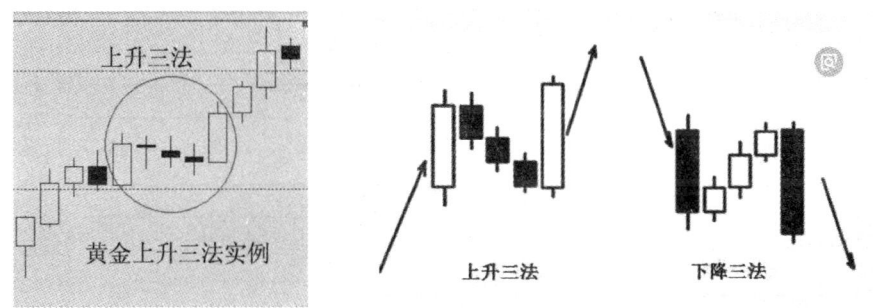

图 2-14　上升三法形态确立

上升三法形态确立：在本形态中，主要应注意以下几点：1.形态中间的三根小阴阳线。如果上升三法中的三根小阴阳线，击穿了第一根长阳线的最低点且收盘没有拉回，视为破位，形态即宣告失败。2.第二根阳线的低点比第一根阳线的低点要高。第二根阳线的高点要比第一根阳线的高点要高。如果第五根阳线的收盘价不能突破第一根阳线的收盘价，则形态难以成立。这是此形态的重中之重，如果形态不够标准，那么后市涨幅会大打折扣。当然在实盘操作中稍微低那么一点点也是可以的，但必须要有其他条件的配合。3.第五根阳线最好有个小幅跳空高开的起动。

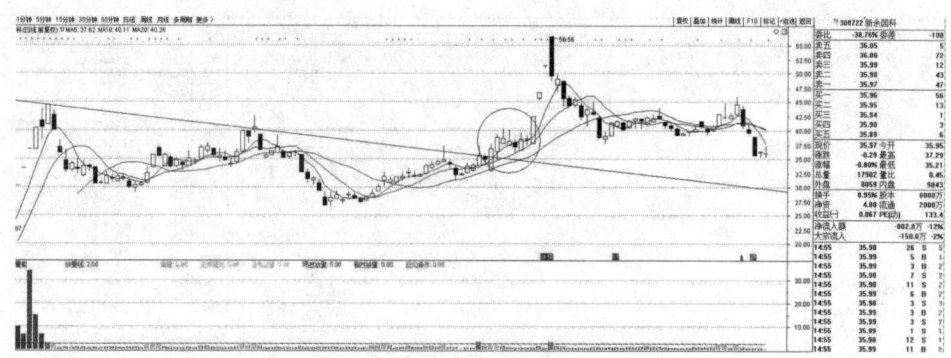

图 2-15 新余国科（300722）K 线走势

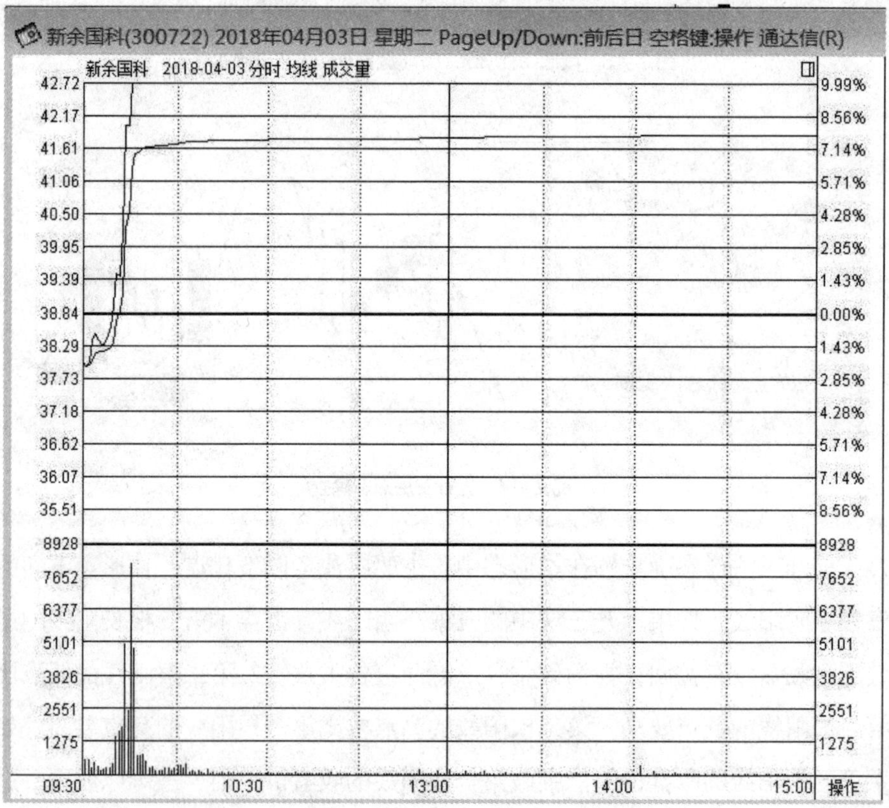

图 2-16 新余国科（300722）的 K 线走势图

上图例为新余国科（300722）的 K 线走势图，股价见底以来，由反弹走出了反转，均线得到了有效修复。短线行情处于多头上攻趋势，重心不断上移，表明市场处于多头强势行情。股价突破下降趋势线以来，走出了一个上升三法K线形态组合。股情就是火情，救场如救火，容不得半点耽搁，在上升三法有效形成后，我们私募公司及时抢入。果不其然，2018年4月3日借助军工板块轮动的东风，该股拉起了一个涨停，而且是从绿盘区经过一个平滑长波，由巨量封单打到了涨停板，长途奔袭的巨量上攻表明市场多头欲望极强。

低开高走，一波式涨停。

第二日，该股的市场走势正如我们所预料的一样，股价大幅高开，随后开盘一路走高，当日涨停板。以下是该股第二个涨停的分时走势图。

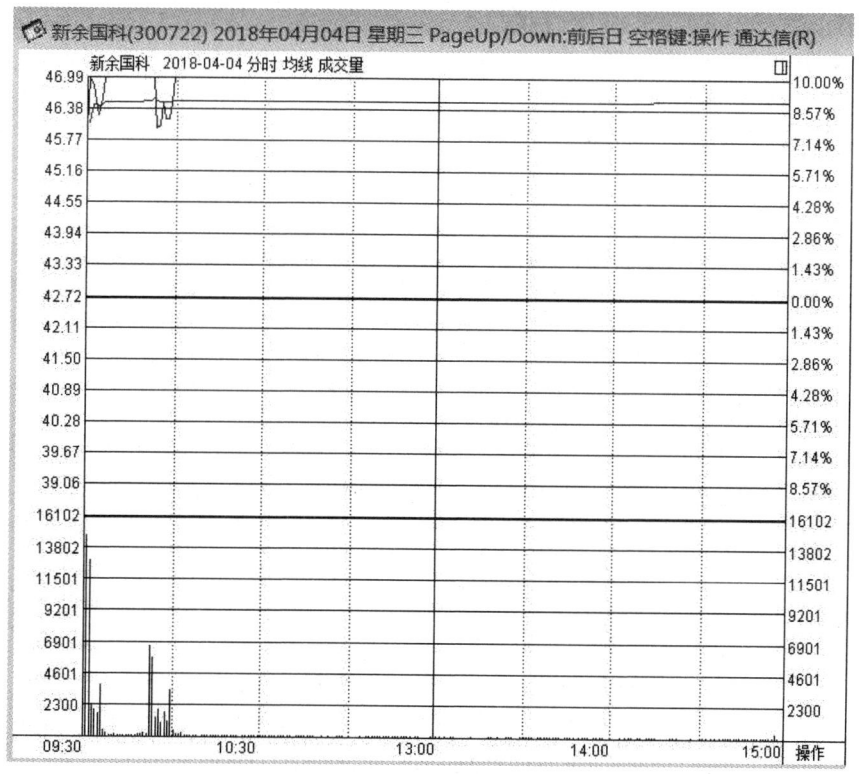

图 2-17　新余国科（300722）的 K 线走势图

虽然市场在第二日上涨的过程中，暂时遭到了空方力量的阻拦，涨停板有所打开，但调整的时间与空间都极小，随后股价再次封上涨停，直到尾盘都没有再打开，而且中途调整的量峰，明显低于早盘上攻吃货的量峰，由此我们判断这是主力的洗盘行为，而不是主力庄家在出货，所以我们坚定持股，轻松地过了个周末。

下蹲是为了更好地跳起，洗盘也是为了后期更好地上涨，不出意料的是，新余国科周一开盘直接一字封涨停，把强者的风范发挥到了极致。这使我们的账户盈利迅速增加，短期爆增30多个点，这就是神话，这就是股市，这就是财富。

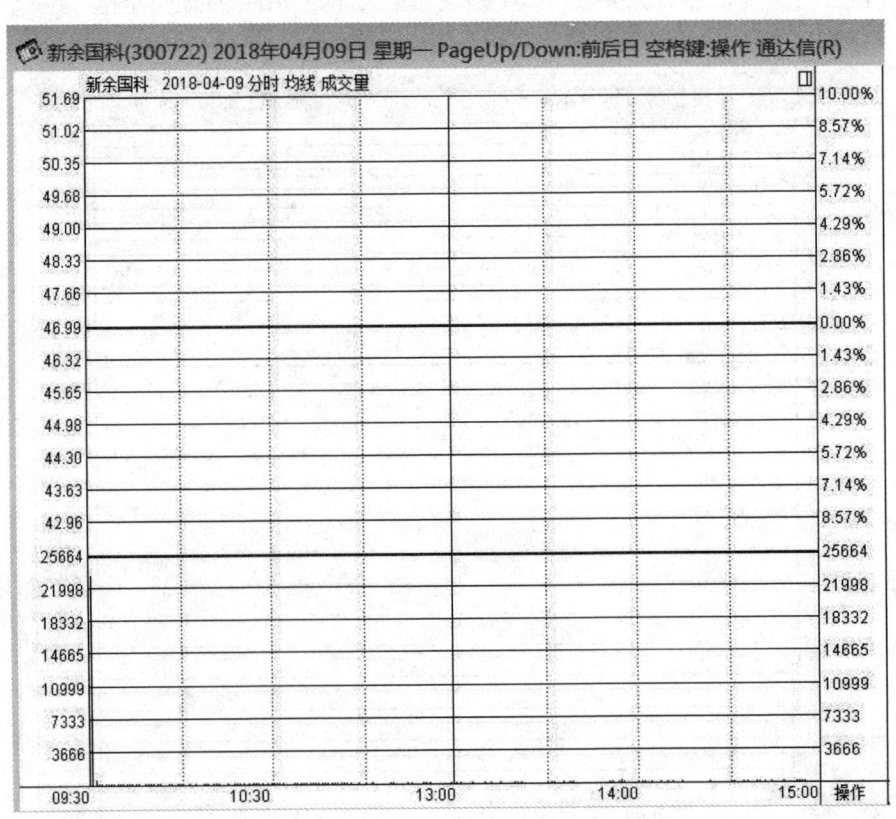

图2-18　新余国科（300722）的K线走势图

再好的行情也有结束的时候,主力翻手为云,覆手为雨。4月10日周二,虽然早盘又一次以一字涨停板开盘,但是这一次开板之后分时线并没有回封,而且股价跌破黄色均价线,不断创出新低。10点10分过后,股价更是直线下跌,随后股价似决堤之江水,滚滚东流,最终收盘拉出了一根巨量的大阴线。机会是永远留给有准备的人的,空头大军压境,暴风雨就要来临,赶快找避风港,此时应逢高减磅,坚决出场。此役成功的获利归结于扎实的上攻K线语言组合形态——上升三法。此法操作注意事项:

1. 激进型投资者,可于股价处在缩量调整的后期,提前潜伏其中,等待股价的拉升;2. 稳健型投资者,可于第5根大阳收出的当天或突破后再行买入。建议稳健操作。

以下是几种非标准上升三法示意图,但不管怎么改变,都是万变不离其宗,形变神不变。

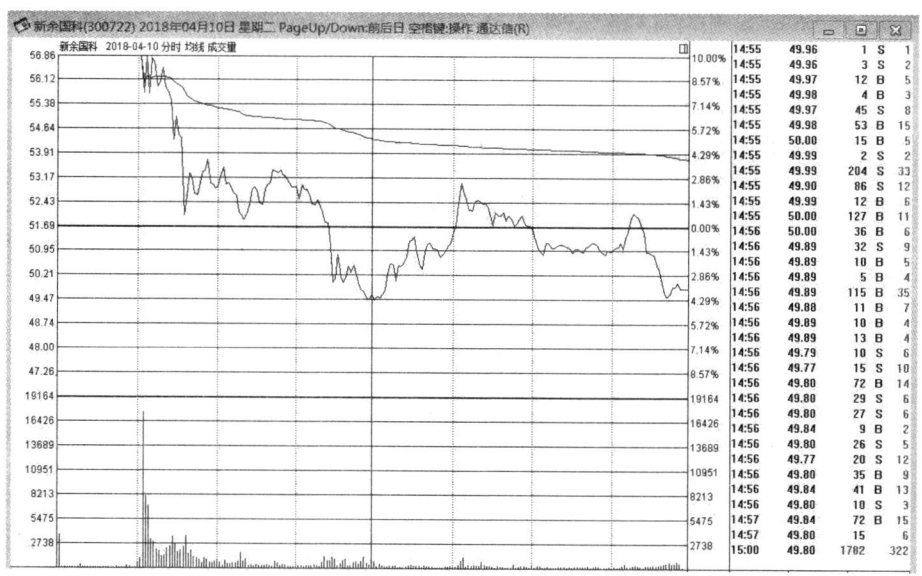

图2-19

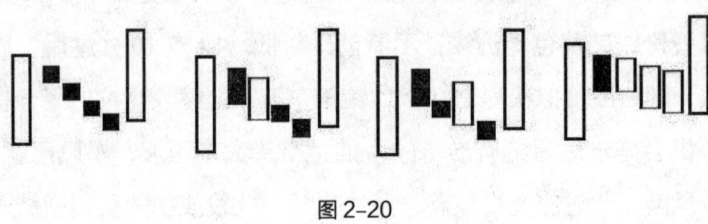

图 2-20

以上四个图例,都是四根变异,有四根阴线的调整,有阴阳夹杂的调整。

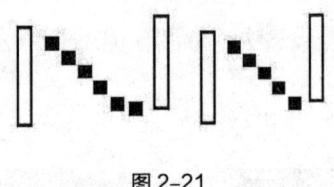

图 2-21

三法形态中间的调整 K 线更多的会有五根或是六根,但只要满足大前提,我们都把它归纳到三法形态当中。前后的两根阳线是外包装,这才是关键,只要能满足底与底的抬高,顶与顶的抬高就一切 OK,注重的不是过程而是结果。

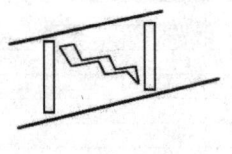

图 2-22

K 线起爆语言除了上升三法以外,还有多方炮。多方炮也要满足两个点的抬高,底比底高,顶比顶高。多方炮就是两根阳线中间夹一到两根阴线或十字星,标准图形是两阳夹一阴。

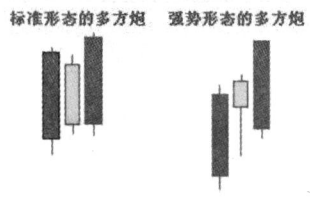

图 2-23

还有一种起爆就是在关键位置出现的阳包阴式地吞并反转，这种形态在实战中也会经常性地出现。

此形态由两根 K 线组成，第一根为阴线，第二根为阳线，第二根阳线的实体完全覆盖第一根阴线的实体。穿头破脚的阳线，说明多头猛烈发力，一举打垮了空头，走势形成反转。投资者要把这种组合看作是股价将要上涨的信号。其变化形态是前面的阴线不一定只是一根，也可以是几根，只要后面的阳线把前面的阴线都吞没掉就行。

阳包阴作为买入信号还需要结合其出现的位置、成交量等信号来综合研判。在上升趋势中，有效的阳包阴反转形态，出现在回调浪末端与主升浪起始位的交汇点，是一种强烈的买入信号。

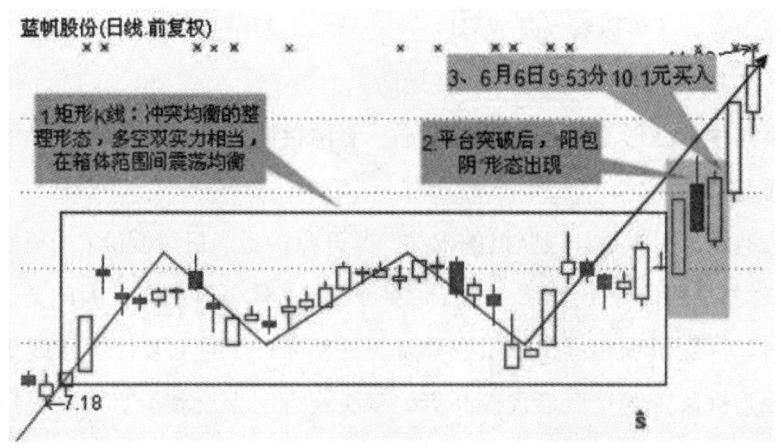

图 2-24 蓝帆股份

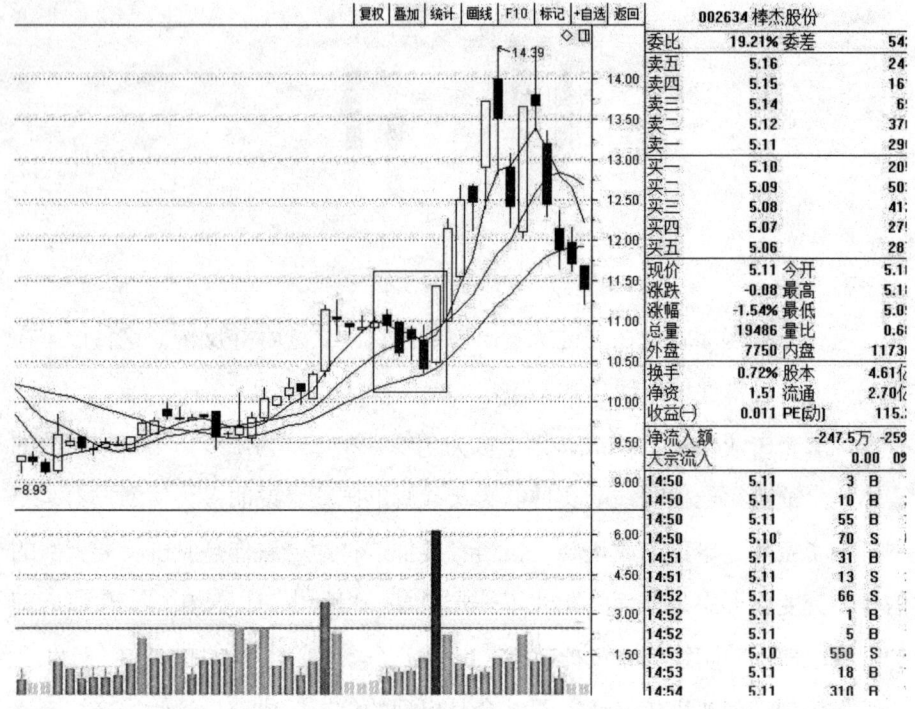

图 2-25 棒杰股份（002634）

棒杰股份形成上涨趋势之后，均线向上发散，2017 年 3 月 13 日收了一根涨停板的大阳线，一举吞没了前面的几根阴线，这就是变异的阳包阴。如果再往前看，还可以看成是变异的上升三法，只不过两根大阳线之间夹了 8 根整理 K 线，随后个股出现了短线爆涨。

第四种看涨形态就是绝地反击形，看涨捉腰带。此种形态不是爆发形态，而是见底形态。

绝地反击形态是一根坚挺的阳线，其开盘价是当日最低价（或极短的下影线），然后股价一路上涨。看涨捉腰带线是大幅低开高走，因此又称为光脚阳线。捉腰带线和锤头线虽说都是见底信号，但是它要比锤子线更强一些，因为捉腰带线是低走直接高走，多头连续向上反攻，空头只有招架之功，没有还手之力。而锤子线是开盘后空头率先发力，致使股价下挫，而后多头才奋力反击，所以才有了下影线的形成，同为见底信号，但两种 K

线的形成过程是不一样的,捉腰带线留给多头买入的时间更多,信号更强一些。

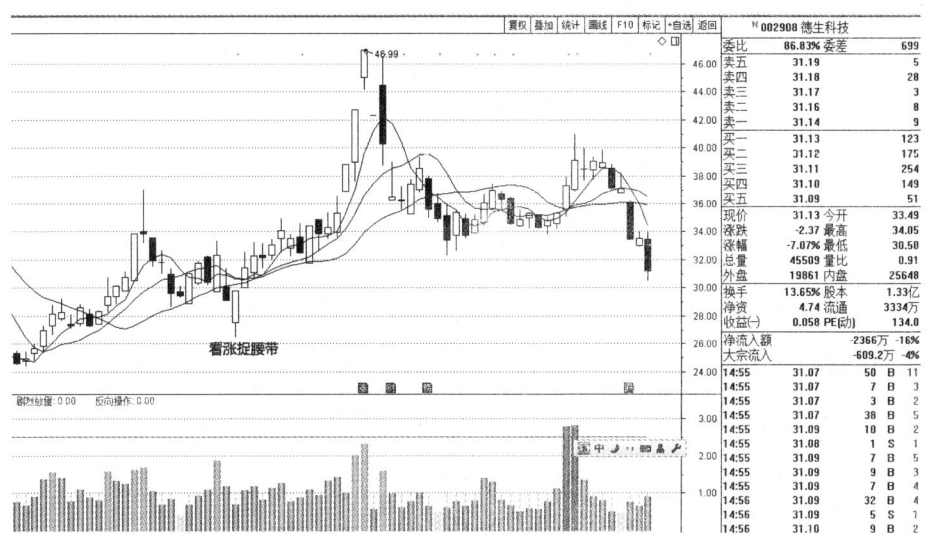

图 2-26 德生科技(002908)

因为看涨捉腰带是一种见底信号,在这里只作为一个研判信号去使用,而不作为买入依据。

不论是上升三法,还是多方炮,或是阳包阴的吞并反转,都是最后一根强劲的 K 线一举吞掉前面数根较小的 K 线或是阴线,至关重要的是这些组合所处的趋势。为规避不必要的风险,投资者遇到类似情况,最好还是耐心等待方向明朗后再采取行动。在上升趋势中,出现上述三种形态,尽管其短线仍有下探的可能,但此时理想的买点已出现,一旦股价越过前期的高点形成突破,先前的上涨趋势就会延续。

上升三法出现后,有的会直接上涨,还有可能会继续整理,但在上升三法随后出现的阳线,也就是阳线之后的阳线命名为阳阳搓揉线,是一种强烈的上涨信号。

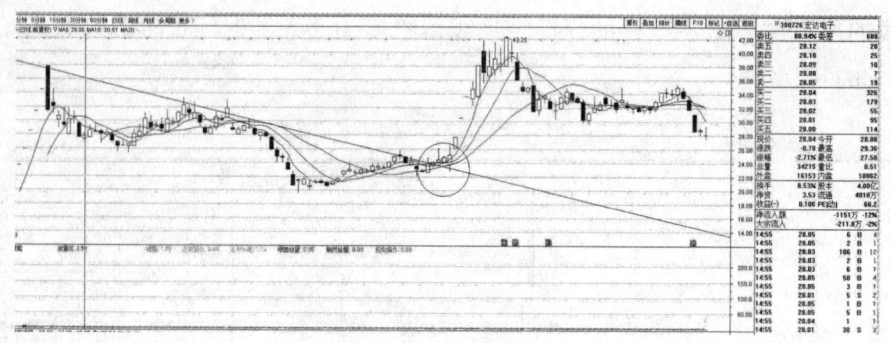

图 2-27 宏达电子的走势图

上图是次新股宏达电子的走势图,圆圈处是变异的上升三法,在拉升之前就出现了多根阳阳搓揉信号。投资者遇到类似图形要多揣摩,多体会。

以上所讲三种起爆形态不可单独使用,一切都是建立在上一讲"是"的前提下综合运用的,以及本书所有章节,都是建立在趋势量化交易系统为核心的前提下去做交易的。

上升三法不是转势信号,而是表明升势将继续的持续整固信号。通常第一天为急升长阳,随后是三根小阴,阴线实体都包含在第一天阳线之内,成交量萎缩,接着在第五个交易日又一根阳线拔地而起,收盘价创出新高,市场重归升途。投资者应在整理结束时建仓或加码买进。

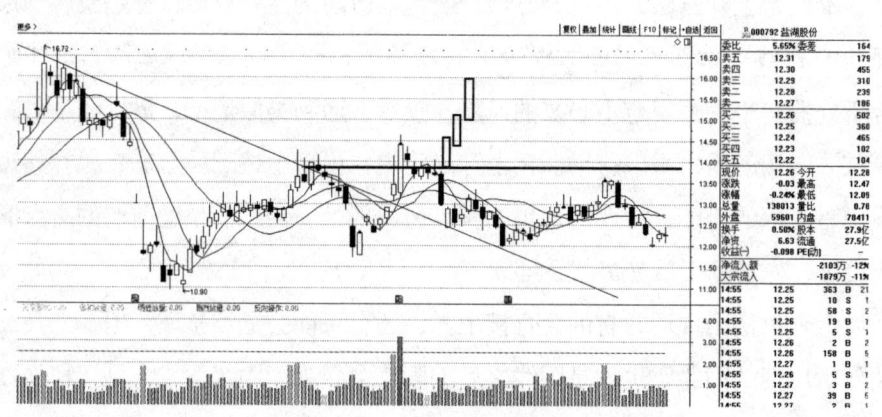

图 2-28 盐湖股份(000792)

不管是次新股还是老股票，只有满足第五根阳线的出现才可以去操作。

如果不满足上述条件的个股，最好不要去买，否则怎么死的都不知道。盐湖股份在低位走出绝地反击线之后，虽然股价突破了下降通道，短期均线当时也出现了多头排列，也拉出了一根强有力的阳线，随后在阳线的实体内出现了几根小阴小阳线的回调，这些K线组合极容易让投资者误判是上升三法的雏形，但是此后并没有走出上升三法形态，有多方炮形态吗？没有，有阳阳搓揉吗？也没有，那么信号不明确就买进去只会面临短期亏损。

一根阳线改变三观，如果时光倒流，在小阴小阳线的回调之后，假设出现了一根大阳线，形成了上升三法形态，或是多方炮形态，或是阳阳搓揉线，那么后市就不是下跌，而是上涨再上涨了。所以我们有一句口头禅就是趋势下降不操作，信号不出不开仓。

高与低，长与短，涨与跌，阳与阴，这都是事物的辩证法。在股票市场中这种辩证法表现得更加形象、具体。庄家做庄的理念、套路、手法也是符合辩证法的。

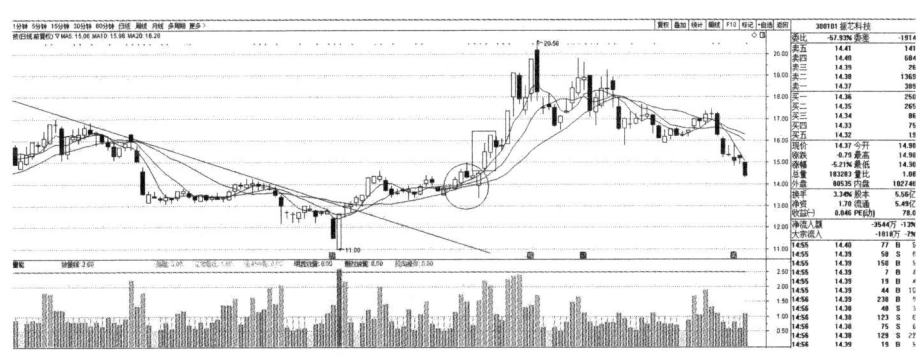

图 2-29　振芯科技

上图是振芯科技在股价收出吞并反转形态之后，突破了下降趋势线，在走出均线多头排列之后，出现了变异多方炮（圆圈处），出现了阳阳搓揉线（矩形处），随后股价除了涨就是涨，短线连续涨停。

我们每一个章节都有一个论述的重点，篇幅有限不再多说，本节最后留个作业给投资者，找出下图中几个经典 K 线语言的上攻形态。

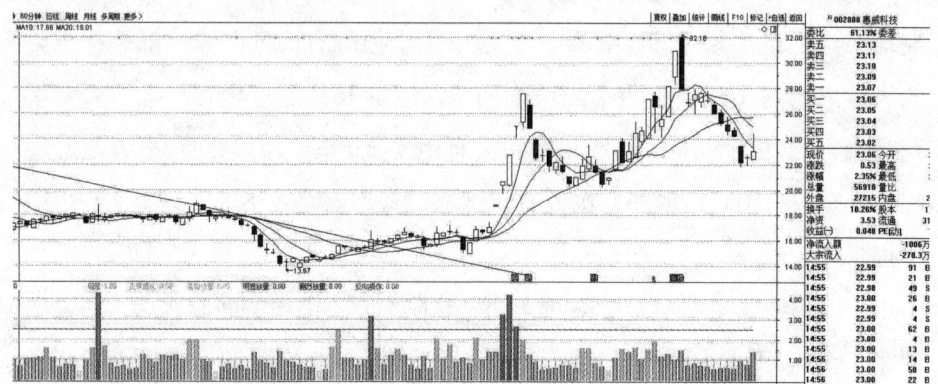

图 2-30　惠威科技

第四节　K线语言起动形态分解

本节要讲的起动形态和上个章节讲的性质是一样的，内容有所区别，主讲的都是抓起爆点、起涨点的同一个技术。本章节主要是对好友反攻与并列阴阳线和绝地反击的分解讲解。

这三种形态都是一种筑底形态，出现的位置是相同的，都是出现在股价下跌或回调的末端的位置，只不过是所表现的形式有所不同。

一、好友反攻定义

好友反攻出现在下跌行情末端，先是出现一根大阴线，然后由几根小阳线收复失地，标准为三根，有时也会出现两根，在阴线的顶端再收出一根阳阳搓揉线，此根阳线须为3个点以上的中大阳线，此种形态为好友反攻。

市场含义：见底信号，提示投资者不要再盲目看空。

确认信号：后市阳线收盘价与前一根大阴线的开盘价持平或之上。

操作指导：不宜盲目看空，持股者不要再盲目割肉，空仓者可小仓买入。

二、绝地反击定义

前期价格经过长期或是大幅下跌，做空能量得到充分释放，而此时成交量处于极度萎缩状态，多方重新聚集新的力量。突然某一天，价格低开高走，或是平开高走，盘中

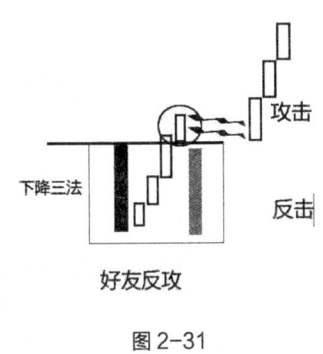

图2-31

形成了一根大阳线，我们把这种低开高走，或平开高走的放量大阳线叫作"绝地反击"。

市场含义："绝地反击"为价格止跌信号，在下跌趋势后期出现时具有转势的作用。很多个股行情都是在经过快速下跌后，低位区域出现了"绝地反击"这种技术形态，价格就此见底回升重新进入了上升趋势，因此这种形态具有很强的见底意义。

在低位区域出现这种技术形态后，价格形成 V 形走势的概率极大。

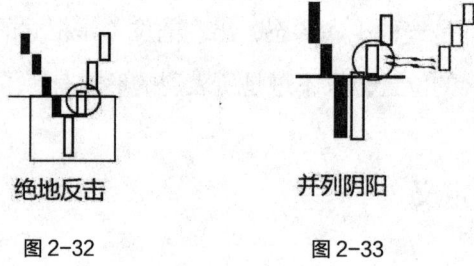

图 2-32　绝地反击　　图 2-33　并列阴阳

三、并列阴阳线定义

并列阴阳线从 K 线上直接表现为前面一根长阴线，接着收出一根长阳线吞并了长面的阴线，这种一阴一阳的并列形态，称之为并列阴阳线，也称作阳包阴吞并反转。

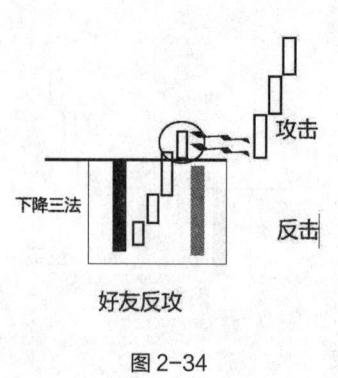

图 2-34

在市场表现中，这种形态有两层意义：

第 1 层：反转形态，预示后市从下跌行情转为上涨行情。

第 2 层：洗盘形态，预示之前仅是上涨过程中的回调洗盘。

下面对这三种 K 线组合逐一进行讲解。

首先来看第一种，好友反攻形态的市场意义。先是空方把股价噼里啪啦往下打，收出了一根大阴线，然后多方开始一点一点地往上攻击，用了三个交易日，或者两个，或者四个都可以，反攻得很温柔。通过这几个小阳线的反攻，站到了阴线的高点之上，并且伴随着三根反攻过顶之后的阳线，又拉出了一根阳线的搓揉线。在阴线实体之内的部分为反击线，在阴线之上的阳线为攻击线。在收出攻击线之后，股价或者直接上涨，或者盘整几天构建一个小平台，突破再上涨。

它的形成机理就是股价下跌见底以后，资金不急于拉起来，而是慢慢悠悠地往上涨，给投资者造成一种假象，以为反弹无力股价还要往下跌。当然，如果反击三根阳线之后，接着出现了一根大阴线，这就形成了与上升三法相对应的下降三法，行情必然要下跌，这样的组合要把它看作是下跌的中继。可是好友反攻的形成，让行情并没有在这个位置出现大阴线，而是又收出了一根继续向上攻击的阳线，这根阳线就是明确的看多信号。一根阳线改变了战机的反转，所以这根攻击阳线的至关重要性不言而喻。

接着咱们再说说绝地反击形态。绝地反击就是股价接二连三、连续不断地一直下跌，跌到了绝境。最后一根阳线大幅度低开，然后开盘价就是最低价，接着反攻股价一直往上涨，最后形成了一根阳线，阳线实体越大越好，这就是绝地反击。开盘大幅的低开，目的就是临门一脚，吓出最后的恐慌盘，让投资者把股票割在地板上，主力顺势捡取带血的筹码。

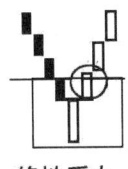

绝地反击

图 2-35

绝地反击能不能涨，还要看后市是否再出现第二根阳线，并且阳线能够吞没阴线的高点，这时才具备了后市看多的理由。

绝地反击底部的三根 K 线组合也是一种底分形结构，这个底分形性质、含量不一样，它的威力也是不一样的，关键要看反击的力度。因此绝地反击也是一种强烈看涨信号。底分形形成后，

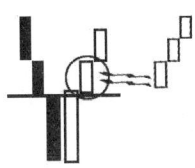

并列阴阳

图 2-36

如果再次收出一根阳线就演变成了底部红三兵。如果在第二根阳线之上出现小阴小阳的震荡，几日后才出现第三根阳线也都是看涨信号。

第三种就是阳包阴结构，叫并列阴阳线，也称为看涨吞没形态。并列阴阳线能不能看涨，同样需要后市出现看涨阳线的确认。此形态出现后，如果后市出现了多方炮、三法形态，阳阳搓揉就是起爆。

以上三种形态，超过阴线顶部的阳线最重要，它确定了形态的确立，起到了关键作用。还有一点就是，在反攻的位置至少要站上一条移动平均线，这是重中之重，这条平均线可以是20日均线，也可以是30日均线，也可以是60日或120日均线，四条均线任意一条都可以。因为股票所处的位置不同，强弱不同，所突破的均线就会不同。越是在弱势市场，行情刚刚起动的初期，越容易突破的是长期均线，因为从熊市步入牛市，熊牛转换的初期，长期均线都是反压的。越是在强势市场中期，越是在行情上涨的过程之中，越是在高位的时候，越容易突破的是短期均线，因为此时大周期的均线已经形成多头，均线在K线下方运行，股价都是远离长期均线的。

这里分享一个口诀：拉升看幅度，回调看高低，幅度走得强，回调不破低，线上出买点，股票还能起。

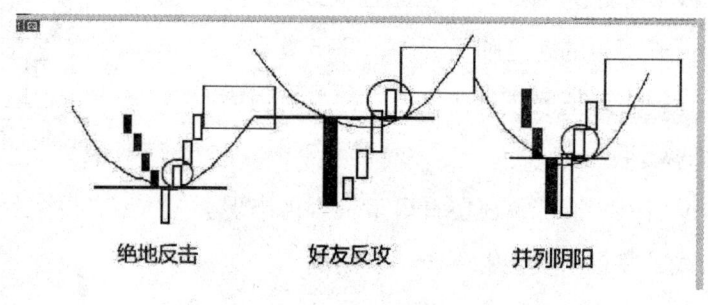

图 2-37

以上三种技术图形，关键的攻击阳线，必须满足站上四条移动平均线的一条，才是有效形态，才能形成股价后市的上涨。上涨的过程中，还需要形态、结构的配合，我们下面会有所讲解。

通过本节的讲解，我们懂得了 K 线语言的内涵，K 线形态结构和均线的有机配合。再来温故一下上节课讲的内容，上节课根本就没有考虑到线下的问题，和线下没任何关系，本节着重讲解了线下筑底的过程，上节课主要讲的是线上攻击的过程。今天所讲的都是跌破均线，再回到均线以上的形态，是先筑底，后攻击。是先出现本节的三种形态，然后在上示意图矩形区出现多方炮、上升三法等或变异的上攻形态，随后股票开始大涨。这两种形态的组合就构成了股价上涨的主体。

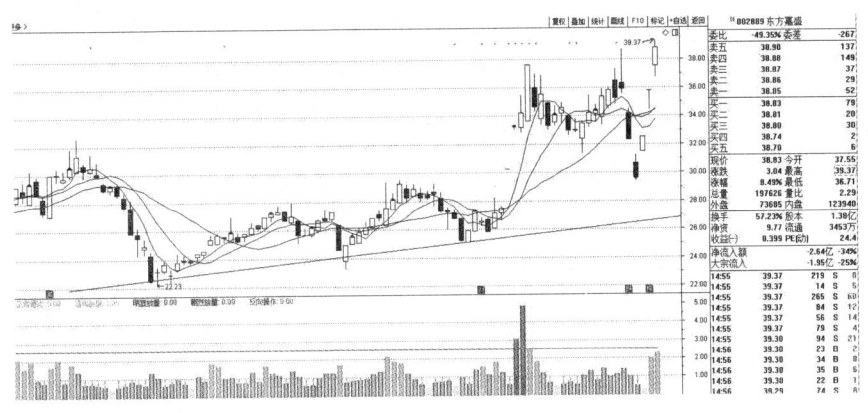

图 2-38　东方嘉盛（002889）

如图 2-38，该股在 2018 年 3 月底，出现了绝地反击加好友反攻 K 线形态组合，并且底部抬高。股票分析首先要划趋势线，确立上涨趋势。该股在二底出现反击 K 线之后，收出了攻击确立阳线，并且有效站稳 60 日均线，随后股价开始了吸筹式地上涨，可是第一波，行情并没有走多远，股价上涨至上升通道的上轨处开始遇阻回落，当股价回调至上升趋势线处二次得到支撑，股票开始在此点位再次筑底。再走出明确底分形后，随后行情出现了多方炮，阳阳搓揉线的走势，紧接着行情爆发了，主力连续拉出了三个涨停板。从形态上说，这不是一个双底形态，这是一个三重底，日本蜡烛图把它叫作三川形态。

下图实战图谱是蒂佩股份（300673）的最新股价走势图。请投资者独自找出你所熟悉的 K 线语言结构形态。学习就得多琢磨，多感悟，只有感悟才能把学习的东西转变成自己的东西，知道不一定理解，理解不一定精通，只有明白得通透，才能把股票做得更好，成功率才会大大地提高。

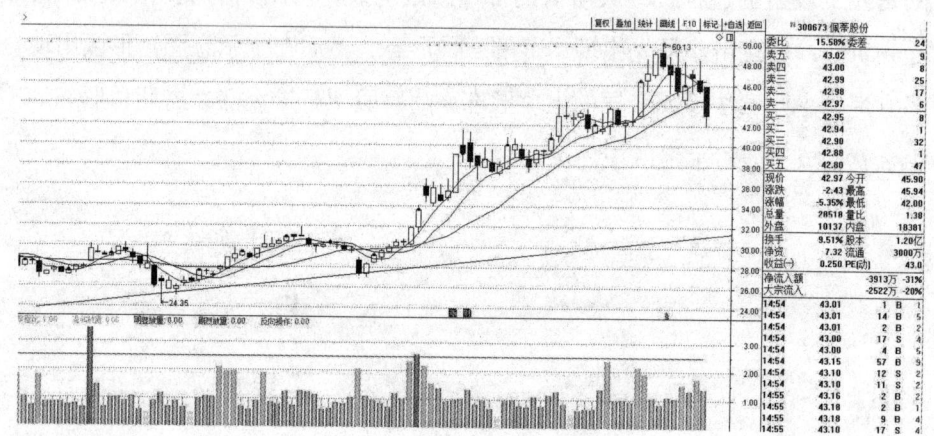

图 2-39　蒂佩股份（300673）

第五节　涨停起爆 K 线语言多空反转

本节将要讲解上涨与下跌的关键 K 线语言。

当股票价格在运行的过程之中，在走到某个拐点的关键位置，会出现一些关键 K 线。尤其是突破趋势线位置的大阴线，我们要格外注意。

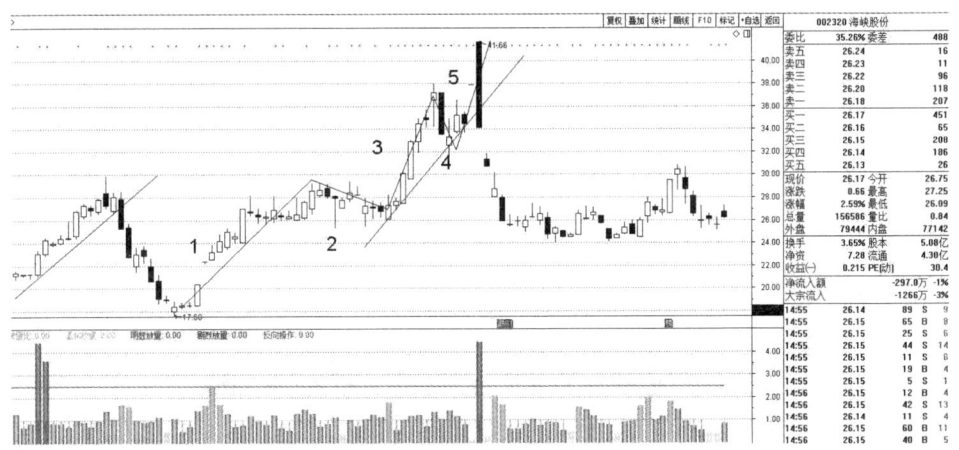

图 2-40　海峡股份（002320）

海峡股份（002320）在 2018 年 4 月 17 日跌破上涨趋势线以后，当天收出了一个天地板，巨量长阴线，这是炒股票最可怕的事情，是投资者的灾难。由涨停到跌停，全天跌幅为 20%。当投资者遇到此种图形走势，千万不可介入，其后市必会出现大幅度下跌。

从图 2-41 中可以看到，开盘瞬间股价就呈现飞瀑式下跌，说明主力机构压盘出货，不让市场其他筹码有出逃的机会，如果手慢一点，可能连个撤单都来不及。这种打压出货的方式，反映主力庄家极其凶狠。

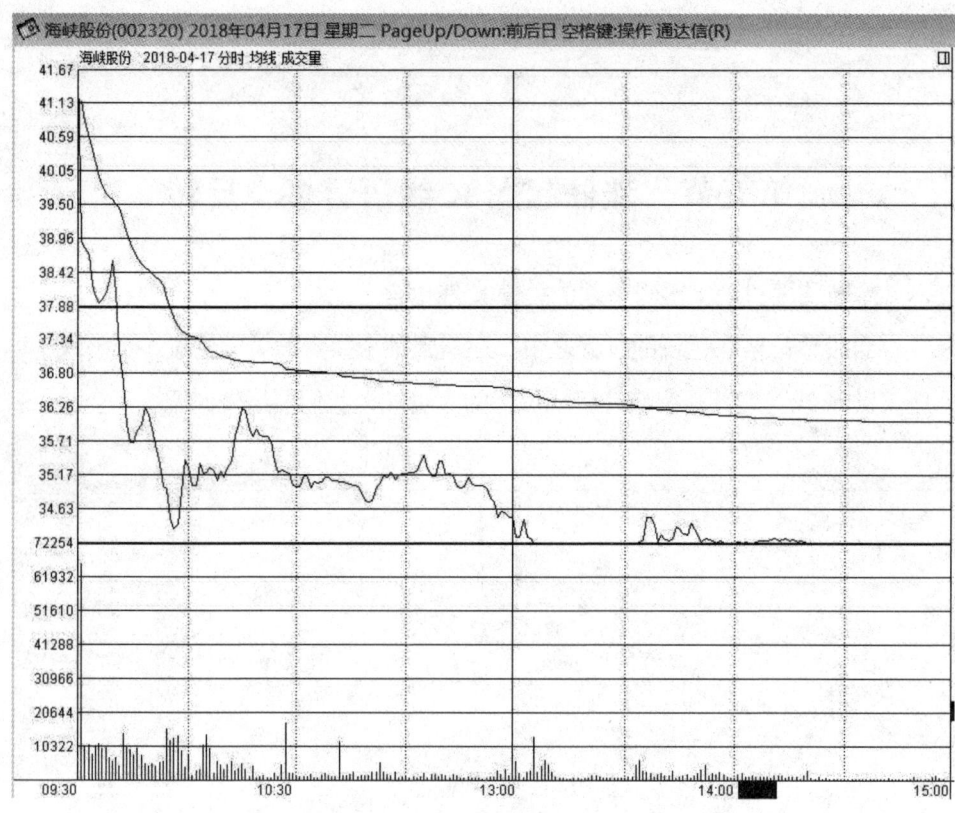

图 2-41 海峡股份 2018 年 4 月 17 日全天盘口分时走势图谱

这种分时的走势,叫作"妖魔停板",在下午的交易时间段,虽然跌停数次打开,但也是出货的毒招。

既然这种风险这么可怕,是否有什么方法可以有效规避呢?下面我们就来进行量化分析,这就来到了我们本章将要讲解的关键位置关键 K 线。

关键位置的关键 K 线,和浪形的结构有关系。读过艾略特波浪理论的人大体都知道,股票在上涨的过程中有五浪结构。上涨五浪,下跌三浪,炒股一定要懂得这些基础的东西。

浪形结构,对于很多人来说,准确的数浪有一定的难度,千人千浪。3 个推动浪,2 个调整浪,2 个主跌浪,1 个反弹浪,八浪循环,周而复始。浪形,在没有走出来之前很难数,待行情走出来之后还是有迹可寻的。

一浪行情不好把握，也无须把握，当一浪走出来，经二浪调整后，股价在走三浪的时候，我们就要想到回避五浪末端的风险。三浪五波，在五浪过后，意味着一个完整的上升浪已经走完，接着就会出现A浪的下跌，所以在子五浪的高点，这种关键的破位大阴线，在其出现之前我们就应该提前离场。

所谓反转K线，就是在关键位置出现的大阳线或大阴线。反转K线分为两种，多反空和空反多。

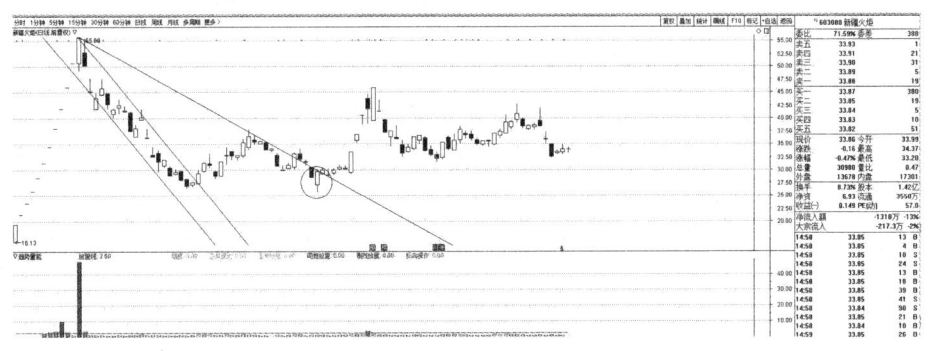

图2-42　新疆火炬（603080）的K线走势图

上图是新疆火炬（603080）的K线走势图，在圆圈处出现的K线称为反转K线，图例为反转看涨。股价突破下降趋势线出现的大阳线为反转看多K线。从浪形上划分，股价经过了A、B、C三浪的下跌，并且股价运行到了C浪的末端，根据波浪循环理论，C浪结束后，上涨浪即将来临，所以此点的突破预示着股价的空多反转。

在以上章节中，讲到的绝地反击、阳包阴，或者好友反攻都称为关键位置的关键K线。所以K线只有在关键位置所发挥的作用才更加重要。如果是在下降趋势当中，就算出现阳包阴的形态，意义也不是太大，这就是很多人见阳包阴去抄底失败的原因，因为它的趋势性不强。

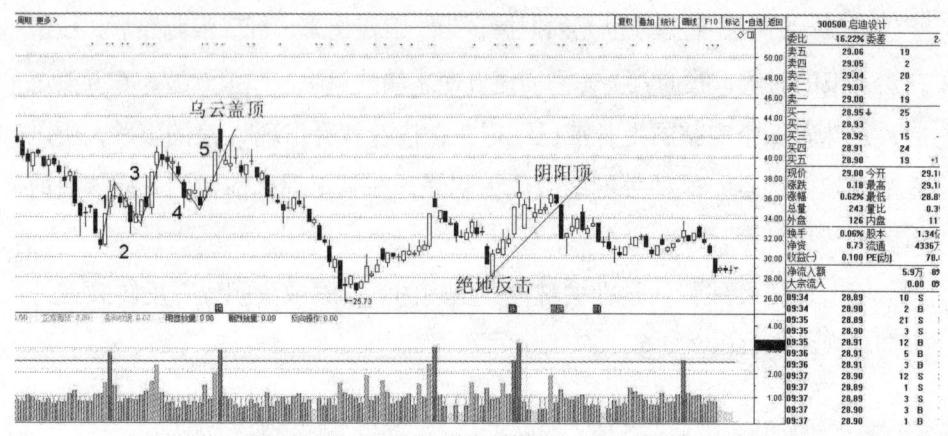

图 2-43 启迪设计（300500）的股价走势图

上图为启迪设计（300500）的股价走势图，在4月17日这一天，股价跌破上升趋势线出现了一根大阴线，这是一根下跌起动阴线，它既不是乌云盖顶，也不是断头铡刀，但它却是空头往下砸盘的起动点。在这根阴线的上方，一根阳线，一根阴线，高位并列组合称为阴阳顶，在随后收出的一根大阴线来验证，这就说明市场的上涨已经结束，再去买股，只会去充当接盘侠。虽然后市跌幅没有多少，但很容易造成市场的恐慌，投资者看见这根阴线在心理上还是很畏惧的。参与回调就相当于参与下跌，股价一直在走低，意味着市场资金一直在出逃。

2018年5月23日，大盘收出的那根阴线就是起动阴线。

我们再往前看启迪设计在2017年11月的那波行情，当时市场走出了明晰的小五浪结构。在五浪的头部，出现了乌云盖顶（图例已标注），随后展开了一轮大幅地下跌。乌云盖顶所对应的形态就是绝地反击。两种形态，一个是高开低走，一个是低开高走，一个在低位看涨，一个在高位看跌。

乌云盖顶的变异形态是断头铡刀和穿头破脚，这些都是强烈看跌信号。三种K线的组合都是基础知识，不是本书所讲重点，这里不作赘述，请投资者参阅其他相关资料。

第二篇　涨停核心战法

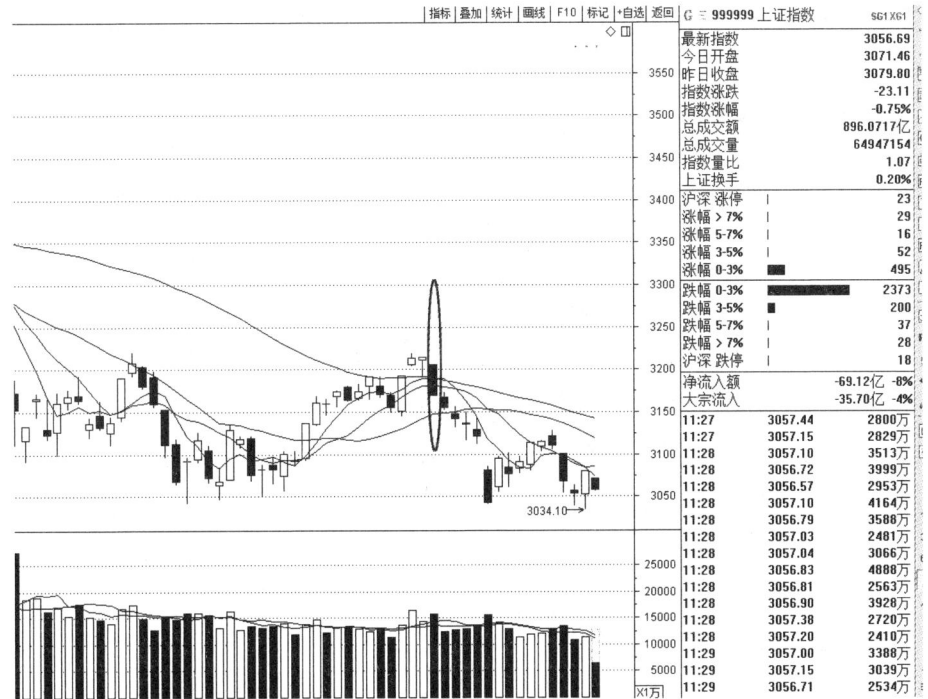

图 2-44

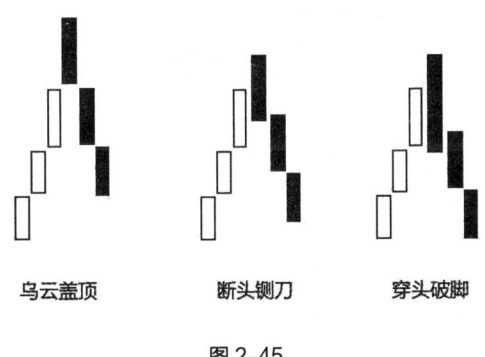

乌云盖顶　　　断头铡刀　　　穿头破脚

图 2-45

看涨是并列阴阳线，看跌是并列阳阴线，阴阳线是先有阴后有阳，阳阴线是先有阳后有阴，前者是见底信号，后者是见顶信号。

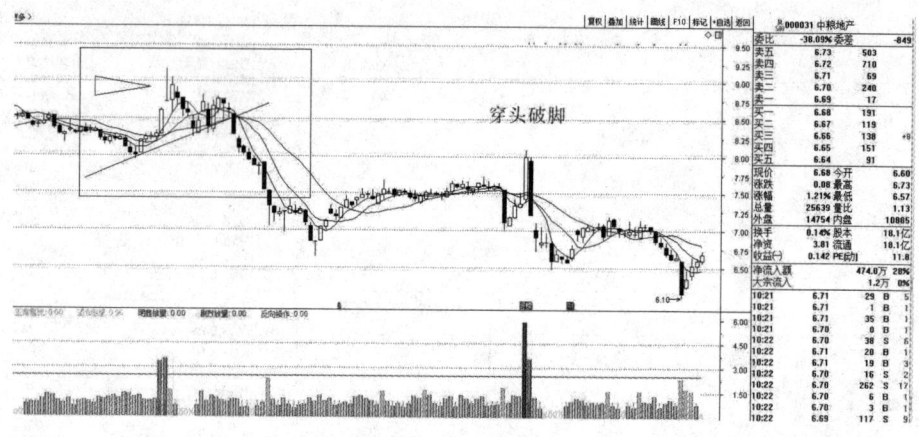

图 2-46 中粮地产

中粮地产在 2018 年 4 月 17 日，出现了穿头破脚组合。这种阴包阳没有理由不去看空，如果遇到此种技术图形，投资者必须夺路而逃，观望为主，不要再幻想后市会有拉升上涨。

再看矩形方框处，牢记关键位置的关键 K 线。尤其是跌破趋势线、击破多根均线的大阴线。除去其他因素，上图三角箭头所示为黄昏星，在没有走出破位行情之前，很多人会误认为它是仙人指路。但是一旦行情走出了一根破位阴线，就确立了那不是仙人指路，而是魔鬼指路，前后两根 K 线互相验证，相辅相成。

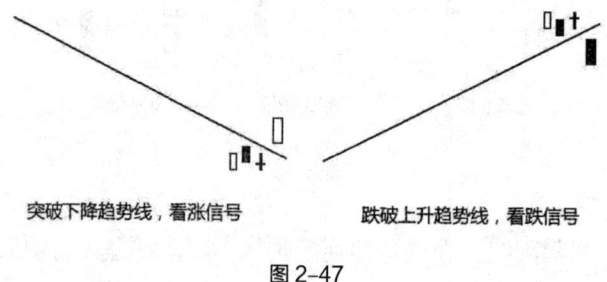

图 2-47

关键位置的关键 K 线，向上突破看涨，向下突破看空。上图是白板的示意图，多空反转一目了然，让读者看起来更加直观。

下面以实例图形来说明。

图 2-48 安妮股份（002235）

图谱为安妮股份的股价走势图，我们不难看出，股价在突破趋势线以前，多头或空头在线下或线上蓄力，收出几根小阴小阳线，然后突破下降或上升趋势线，就是明确地看涨或看跌信号，上涨与下跌，盈亏同源，道理是一样的。

在这个突破口，关键位置的关键 K 线，这根 K 线称之为反转 K 线。我们再来细化这根反转 K 线，两种反转在分时图形上有各自的特点。

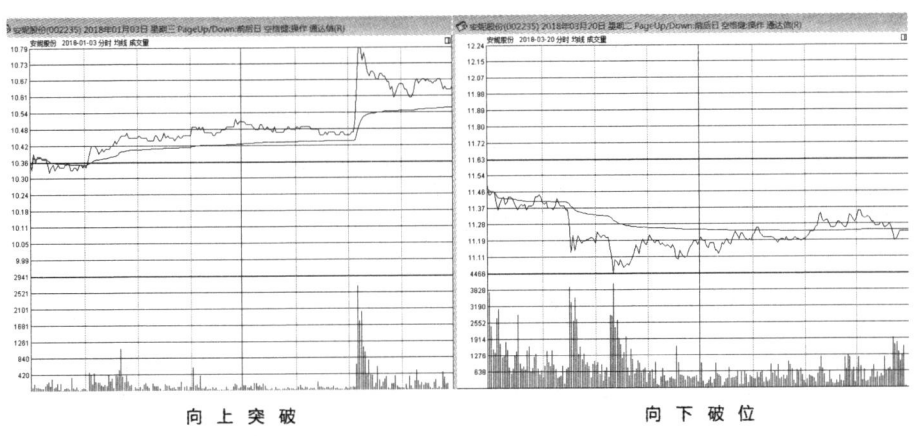

向上突破　　　　　　　　向下破位

图 2-49

向上突破，股价走势图是向上长攻，全天分时走势强势，即时线处于均价线之上，一直都是买进买进的买买买模式，而向下破位是一种卖卖卖的卖出模式。下面我们把两日K线的分时走势单独摘出来，作对比。

上图为安妮股份同一只个股向上或向下突破时K线的全天分时走势图。

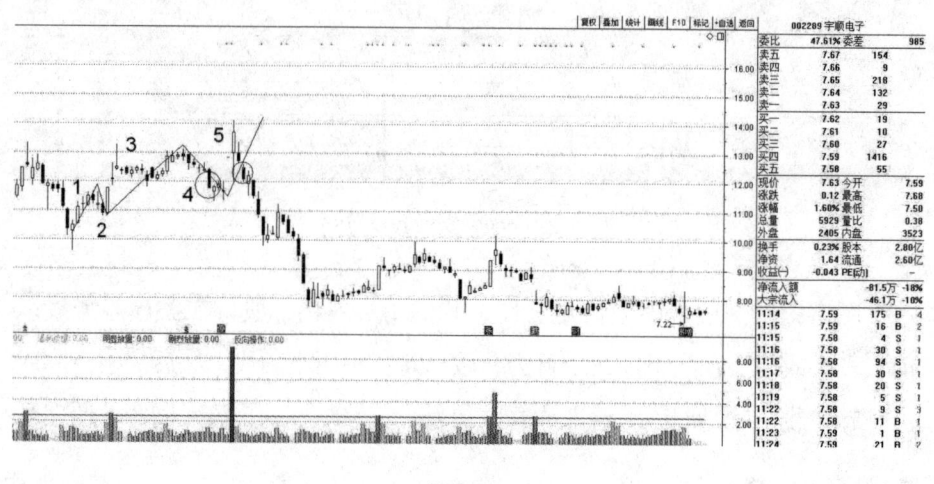

图2-50

K线语言是一门高级语言，是股票说不出来却能让投资高手看得懂内容的高级语言。上图中两处圆圈标注了两根阴线，同样是阴线，但它们所代表的含义是不同的。最大的不同在于，第一个阴线处于子4浪的回调，而第二根代表的是子5浪上涨的结束，5浪的结束才是多头行情真正的结束。股价在3浪的下跌和5浪的下跌有着根本的不同。在1.2.3.4浪前四浪的位置，出现阴线时去介入，如果5浪不走失败的图形，都能在子5浪有解套或获利出逃的机会，也就是说5浪之前的阴线处被套时可以先忍一忍，也可以把这些阴线理解为一种诱空或是行情的暂时回调。但是，在5浪结束后，再出现阴线，那性质就不一样了，后市就是货真价实的下跌。

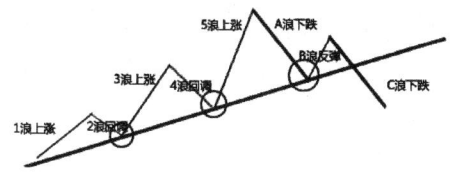

图 2-51

也就是说在回调浪 2 浪和 4 浪两处下跌的阴线具有欺骗性。这两个位置所走出来的阴 K 线，与主跌 A 浪下跌的阴 K 线，在日 K 线图上，表面形式差不多，从外观上看并没有什么差别，但分时结构图的含意是不一样的，我们还拿宇顺电子来举例，先来看看圆圈处破位 K 线的分时图。

图 2-52 宇顺电子

图中我们可以看出，这根破位的阴线，早盘出现了大约两个点的低开，随之放量下跌，虽然盘中有所反弹，但是量能的高度和强度明显不行，反弹过程中的量能密集峰明显小于下跌量峰。反弹无力,随后分时图中股价一直维持着下降通道的走势,此后多头再无一点反抗,是标准的卖卖卖模式。

而在四浪末端的位置,同为一根阴线,分时却有所不同。

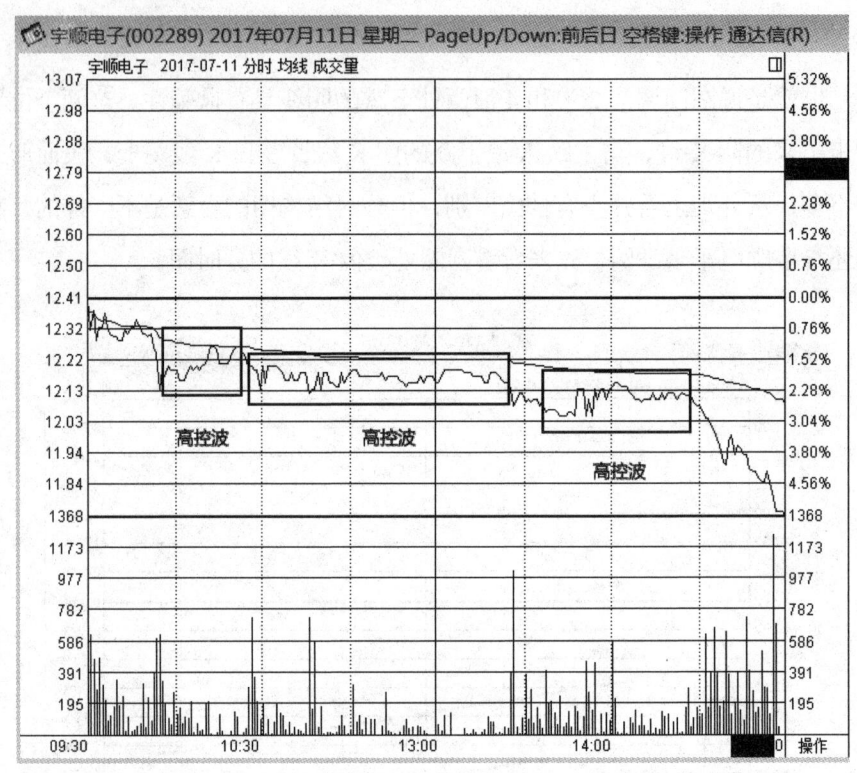

图 2-53

7月11日的阴线,虽然分时线也是下降图形,但是从上图中我们看到的是,除了早盘与尾盘是在明显下跌以外,其余大部分时间都是在走高控波的震荡。平盘就证明多头和空头势均力敌,有多头在试图反抗,只是尾盘出现了跳水,盘中有多头在少量买进,而且它的下跌时间是明显少于上图破位阴线的,而上图是大部分时间在往下走,空方明显占优多头,分时行成瘪球落地的走势。

再来看看6月23日的阴线分时结构。

第二篇 涨停核心战法

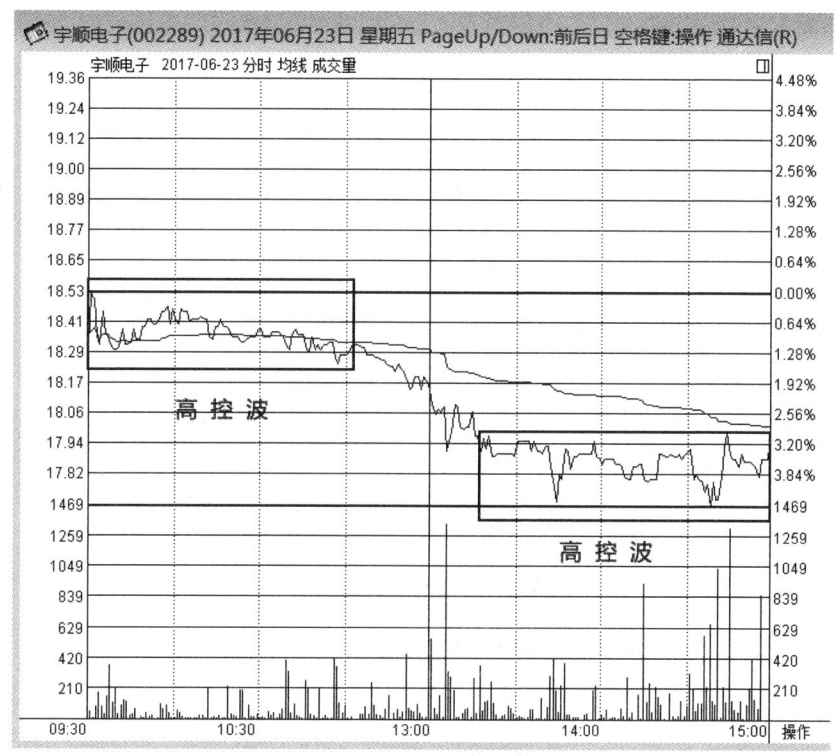

图 2-54 宇顺电子股价走势图

从这个图形可以看出，它的早盘也是有抵抗力的，虽然中盘有所下跌，但是尾盘有所抬升，而且有所放量，明显的也是一根抵抗性质的阴线。两头横盘，中间下跌，并非一路阴跌卖卖卖的模式。

所以，同样是阴线 K 线形态，但是三根 K 线内部分时结构有所不同。从关键位置的 K 线语言里面可以看到，谁是在洗盘，谁是在卖出。所以不同位置的 K 线形态，它是有不同的含意的，请投资者一定要明白，谁是破位阴，谁是回调阴。

图 2-55 是任子行股价走势图，为便于分析，笔者在图中标注了上涨的五波和下跌的三波。图中两个圆圈的位置都出现了并列阴阳线的组合，并且都有上下影线，从外观上看并没有什么区别，反倒第一个阴线的实体还要大

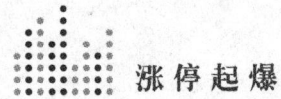

一些，可是前者上涨，后者却出现了下跌，这是为什么呢？那就只有打开K线分时图来看看。

图 2-55　任子行（300311）

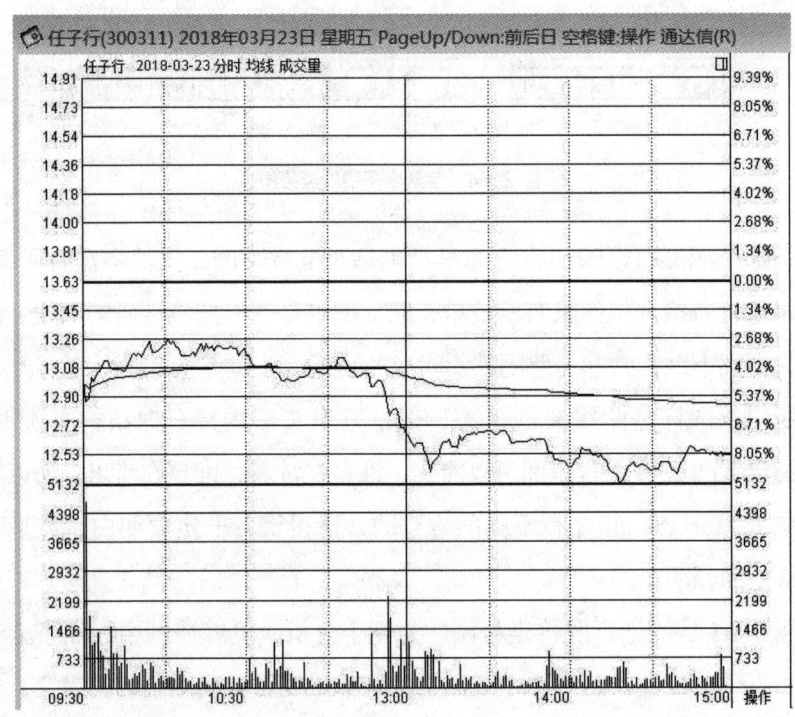

图 2-56

图 2-57

这一次我们不做分析，只做对比。明显可以看出第二张图卖出的时间比第一张图要长，卖出的斜率要陡。但最最重要的是这两根阴线所处的位置不一样，前者处于 2 浪回调的位置，后者处于 C 浪，主跌浪的位置，不可同日而语。

以上问题就说明，回调的拐点和真正下跌浪的拐点不一样。在回调的拐点，并没有强烈的卖出欲望，反而出现了救世资金的入场。可是在下跌浪的拐点，卖出就是真实的卖出，而且是毫无保留地在卖。投资者在看盘的过程中，如果发现某只个股跌破了操盘线，这时就要打开它的分时，看看分时结构是一路震震荡荡地往下跌，还是震荡下跌震荡，两者性质是不一样的，我们要看这根阴线形成的过程再做决定。

真正的下跌是一路震荡下跌，如果分时图形是先震荡再下跌最后再震荡，就有诱空的嫌疑，如果在尾盘出现了拉升，那诱空的动作就更明显了。

把真实的下跌排除掉，如果阴线内部出现的是第二种分时结构，先低开震荡，中继下跌再震荡的阴线，阴线后边紧接着来了一根阳线，对前面这根阴线进行反包，也就是吞并反转，而这个反包形态正好出现在2浪或4浪的末端，那么后市极容易出现爆发性的行情。下面举例说明。

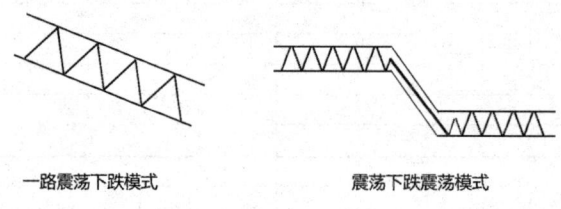

图 2-58

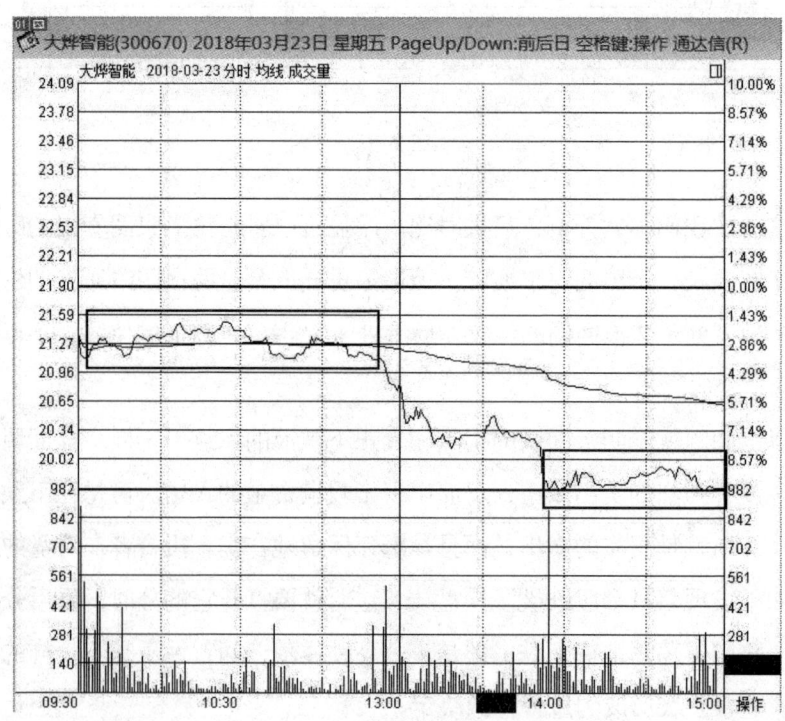

图 2-59 大烨智能

上图，我们先不去看它是哪只股票，也不知道属于什么板块，光从这张分时图上看，是符合我们分析的要介入的阴线模式。那么再去看看 K 线图，看看这根 K 线处于什么位置。

图 2-60　大烨智能（300670）

从上图中我们可以看到，这根 K 线正处于 2 浪的回调，先不去看后面的行情（后市是未知的），咱们一根根 K 线进行分析。阴线之后虽然没有出现反包，却出现了一根由低开两个点到收盘涨了三个点，也就是全天涨幅五个点的中阳线，这根曙光初现的阳线与前面的阴线正好形成了刺透形态，有可能下跌行情就此中止，反转就在眼前，也许只是下跌中继的反弹，反正行情还不能确定。

我们且看且分析，接着行情继续反弹又拉出了两根阳线，形态至此，这就是明确的好友反攻形了。好友反攻是我们讲过的明确的看涨起动形态，果不其然，此股在过顶阳线出现之后，经过阳阳搓揉的起爆，后市发动了五个涨停板的行情。可能很多股民朋友们都没有一次拿过五个涨停板吧？学会了我们所讲的技术理论，综合运用，以后你们就可以做到了。

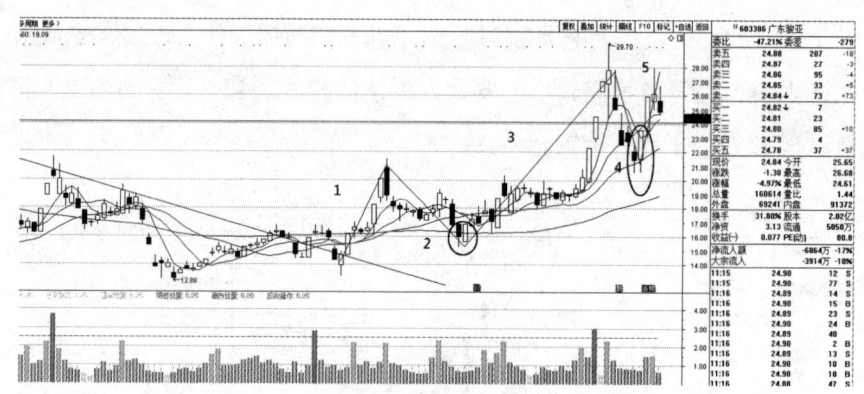

图 2-61　广东骏亚（603386）

在上图例第一个圆圈处，出现了阳包阴形态，也就是咱们所说的并列阴阳线。我们先来总体地看一下大的框架，个股处于上涨格局，并且底部出现抬高。当个股突破下降趋势线以后，明确地走出了1浪的上涨和2浪的回调，在2浪回踩完毕以后，出现了阳包阴K线组合形态，在这个位置出现的这个形态容易走出大行情。尤其是在2浪与3浪的结合部，或者是4浪与5浪的结合部，也就是由空转多的位置出现的反转信号，并且阳线突破了一条重要的均线，四条均线的任意一条，它的效果会更佳。

在空转多的位置，收出反转K线以后，我们再去关注前一根阴K线的内部分时结构。一个点位的介入就是这么复杂，镜头越拉越近，由宏观聚焦到微观。

图2-62是反包阳线之前的阴线分时图，反过来推理，如果阴线一直是卖出的模式肯定是不行的，主力把底仓都卖了，怎么会有后市的上涨呢？可期盼的是，上图分时显示，盘中大部分时间呈现高控波的横盘震荡，并没有出现卖卖卖的一路下降模式。加上早盘和两点后的跳水，算起来有两波的下跌，但是在最后45分钟出现了尾盘的上翘，从量能上看尾盘是中单买进，收出四个点的下影线。虽然我们看到的是一根大阴线，可是仔细划分，此根阴线是卖买卖买的模式。如果是真正的下跌，没有必要尾盘再拉起来，更多的是封死跌停，而此根阴线整体看起来反倒像一种震荡走势。

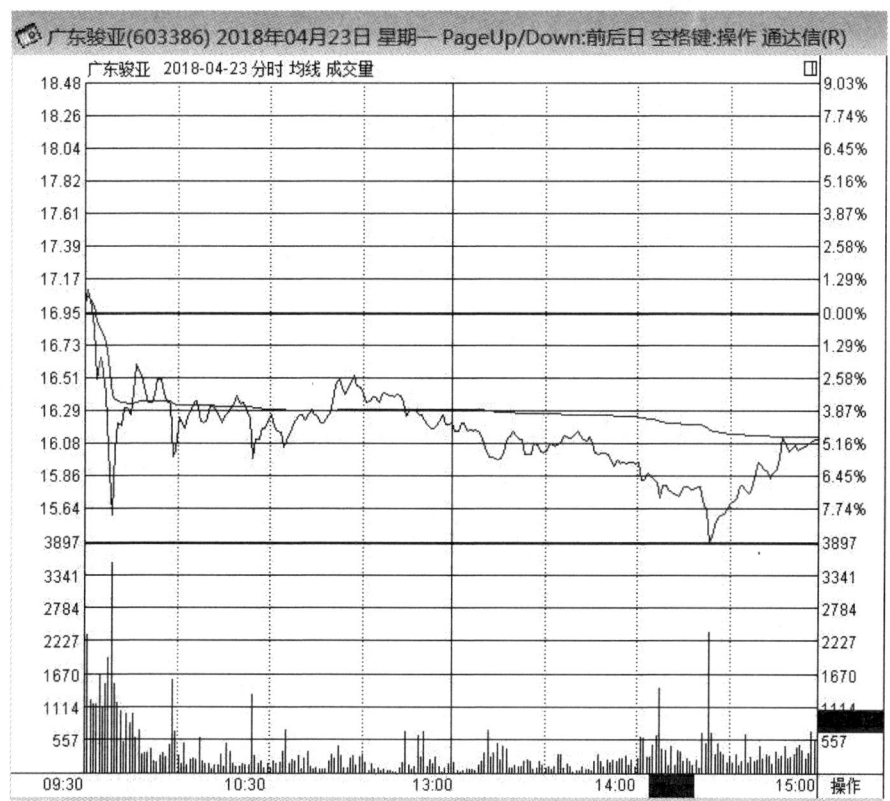

图 2-62

再看这根阴线后面阳线的结构,分时一直是买进的模式,而且力道强劲,明显放量,这种不计成本的买入,致使个股全天收了一根光头的中大阳线。阳线与前面的阴线组成了吞没形态。这根阳线恰巧出现在,2 浪末、3 浪初,突破均线吞没形态,简称 3 浪初吞没形态。大家记住此点是抓大黑马的杀手锏。

都是并列阴阳线,但此点位出现的吞没形态,是抓 3 浪主升浪的绝佳买入点,在这个点位介入极容易赶上一波大行情,短线快速获利。广东骏亚在走出此形态以后,经过一个小平台的整理,平台突破后拉出了三个涨停板。

图 2-63

此法的运用必须要有一个 1 浪清晰的上涨,来奠定 3 浪上涨的基础。还有就是要体现 2 浪的末,和 3 浪的初,一个末,一个初,新旧更替,重点不在末而在初。在末要看分时是否一直在卖,在初要看主力是否一直在买。

在实际操作中,看见阴线跌不动了,或猜测阴线是诱空就去买,这种做法是绝对错误的。阴线不是买股的依据,阳线的反转才是买入的理由,阳线是确认信号。要买就买阴线之后的阳线,看见阳线才去分析阴线是在买还是在卖。

很多股票书,一律把阳包阴命名为吞并反转,但是只有满足阴线的买卖买的模式,后市才能涨得好,如果不满足就会涨得不好,这是很多书的误区。

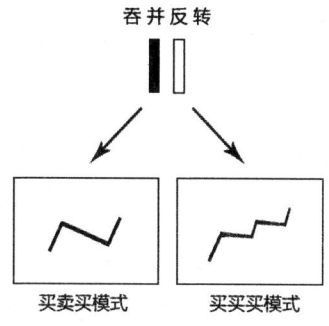

图 2-64

上述形态的组合,在股票市场上不可能天天有,但是会经常有。选出符合形态的股票,需要时间,需要精力,也需要一点点运气。

炒股不赚钱无非就是两点,一是介入点不对,二是所选的股票不对,这两点只能说明一个问题,那就是不懂技术。买股虽不像研究原子弹那么复杂,但是买入前的量化分析还是必不可少的,但是就这么两三分钟的盘前分析,你真的在买入前仔细看了吗?

第三篇

分时盘口精解

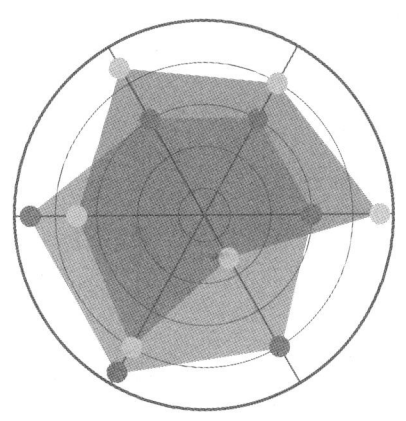

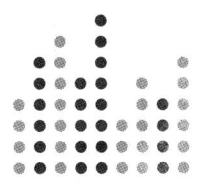

第一章
涨停起爆分时盘口的重要性

分时盘口是股票走势的终端信息，是股价波动的最直接体现。分时决定K线，K线决定形态，形态决定趋势。但对于很多股民来说，分时却是很少研究的东西，或者很少去看的东西。但分时盘口却很重要，尤其是在涨停起爆点或是精准买入这个环节，如果不去研究分时盘口，很容易买高，或者是追高。

对分时图深刻透彻地分析，在纷繁复杂的乱象中梳理出一条清晰的逻辑定律，你只要按照这个"定律"去执行，其成功的概率，就比你自己摸索的，似懂非懂的操作，要提高十倍。

就拿浙江医药（600216）来说，该股2017年12月29日收出了一根阳线，它的分时结构图走出了大斜刺，阶梯式地碎步爬升。难道说所有的大阳线都会走出这种分时走势图吗？不一定。此种分时盘口是一种买买买模式，关键K线的分时盘口，代表着主力买入的意志，主力的扫货式买进，决定了后市是否有持续的上涨力道。

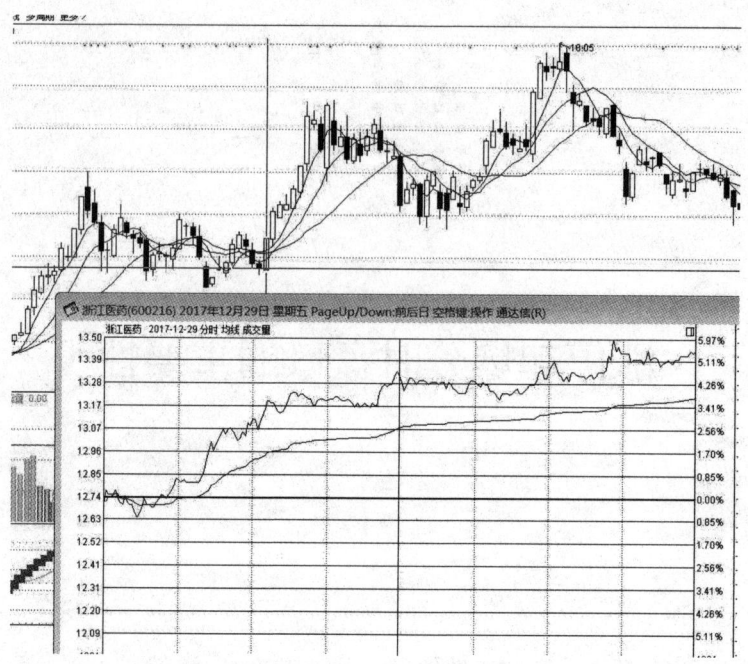

图 1-1

图 1-2

同一只个股，1月9日这天，同样也收出了一根大阳线，在普通股民看来也是涨，也是大阳线，可是为什么买入之后不涨了呢？因为它的分时结构所代表的含义不是进攻，而是出逃。

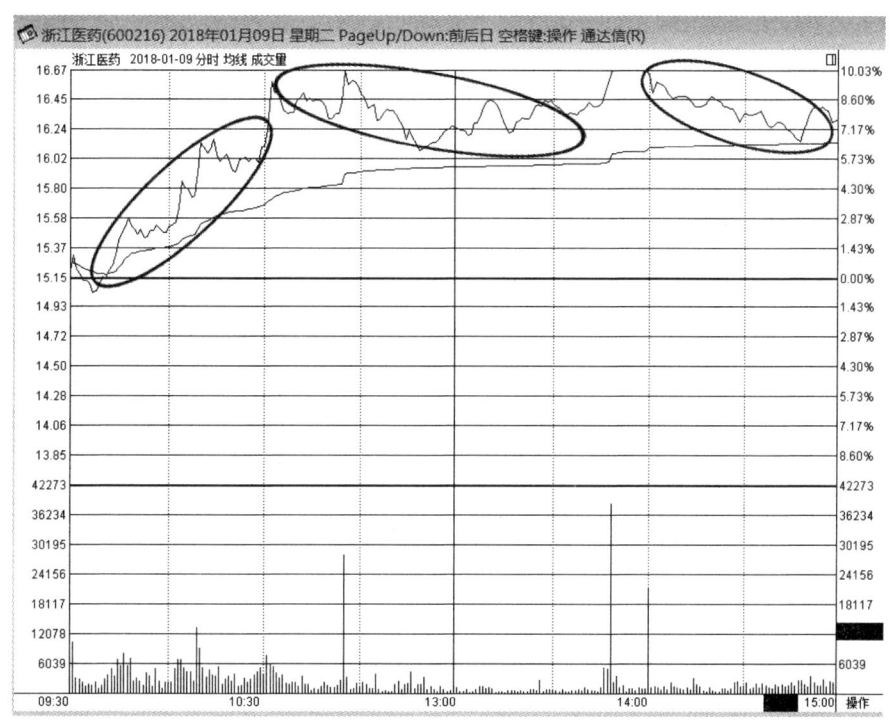

图 1-3

我们把这个分时图划分一下就明晰了。从图中我们不难看出，它的分时前边是买，然后是卖，接着冲击到涨停板，最后到了尾盘分时有一个明显的回落过程，回落就表示主力在一直中单卖出。这个分时的模式是先买后卖再买再卖，和第一根买买买的阳线分时图截然不同。第一根阳线随后出现了上涨，第二根出现了下跌，这就说明，分时结构能够看出主力的意图，是买入的多还是卖出的多，从而跟随主力的步伐，做出买入或卖出的正确判断。

K线形态是主力的表情，分时结构就是庄家的耳语，当我们读懂了K线语言就能知己知彼，百战不殆！

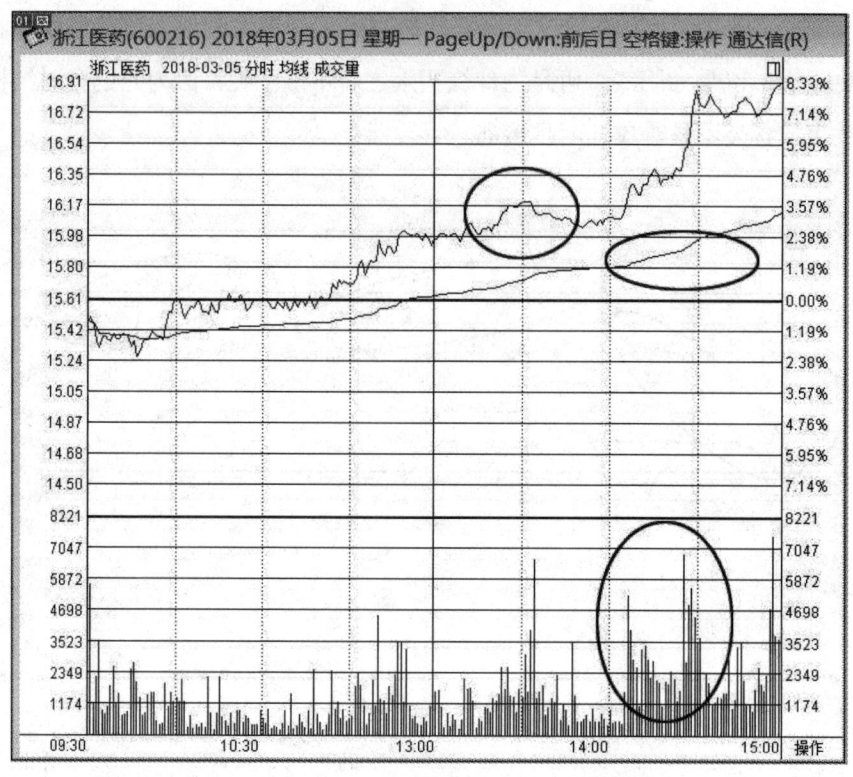

图1-4

分时盘口有三个要素：白色的分时线，也称即时线，黄色的均价线，以及下方相对应的量峰，也就是成交量。

在分时结构图中常见的有六种波形：

1. 连续长攻的攻击波。

2. 多波攻击的冲击波。

3. 横盘震荡的震荡波。

4. 冲高回落的回调波。

5. 高度控盘的麻绳波。

6. 连续下跌的下跌波。

以上六种波形表露了主力的买卖意图，如果能够准确地看到波形和成交量的有机结合，咱们就能吃透主力是在买还是在卖。

第三篇 分时盘口精解

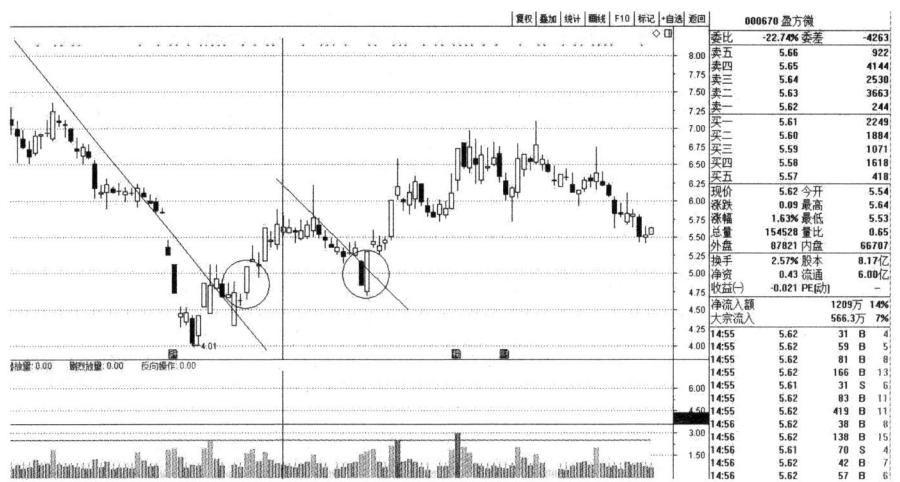

图 1-5 盈方微（000670）

盈方微是我们私募公司曾经做过的个股，两次买入两次成功，那么我们是怎么做到的呢？首先从 K 线位置上看，两次介入都是突破了明确的下降趋势线，从 K 线形态上看，也出现了非常明显的看多信号，并且二底抬高，总体呈现上涨趋势。下面我们来分析圆圈处，关键位置关键阳线的分时盘口。

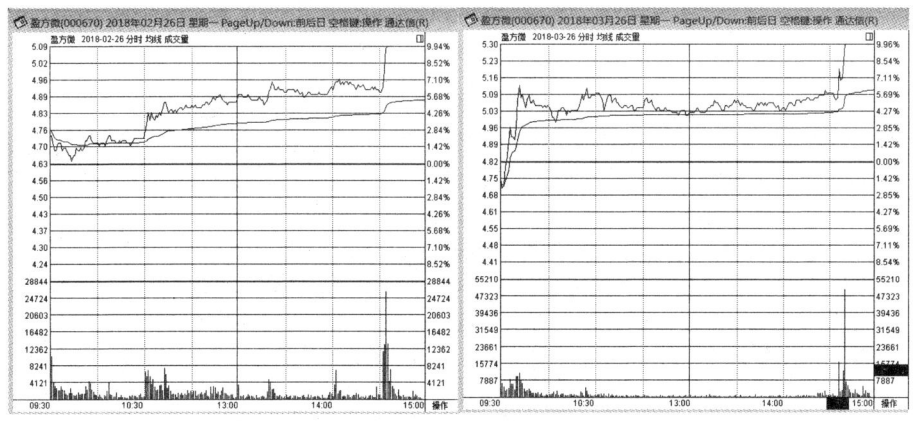

图 1-6

如图1-6，两个走势图都是涨停的K线分时图。第一个图是早盘出现了麻绳波，10点半出现了一波拉升，然后阶梯式震荡向上，尾盘量价齐升拉涨停。

接着再看第二个分时图，我们首先看到的是一波强有力的冲击波，然后在黄色均价线之上做长时间的横盘整理，尾盘两波式攻击涨停。在这两个分时图中，我们都没有看到主力卖出的意图，所以才带来了后市的拉升。本节主讲的是分时盘口的重要性，其具体内在含义，以及量价关系，我们放到以下章节再去详解。

所以我们做股票的时候，一定要分清，关键位置的关键K线，关键K线的分时盘口，它对我们的操作会起到很重要的作用。也许有人会问，准确地找出关键位置的关键阳线，我们只做这根阳线不就行了吗？干吗还要研究关键K线的分时盘口？我告诉大家，有的时候投资者的脑袋是会晕菜的，股民的记忆只有三秒，临盘容易激动，容易犯浑。市场上，同样看到的阳线它的意义会不同，也就是说不是所有的中大阳线都是看涨的，看涨的只是关键位置的关键阳线，下面举例说明。

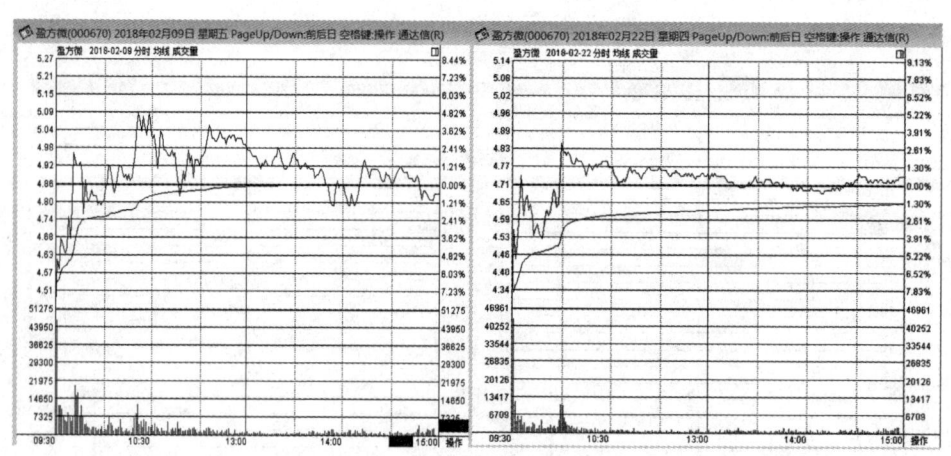

图1-7 盈方微的股价走势图

在盈方微的股价走势图中，2月9日和2月22日都收出了一根低开高走的大阳线。上图中，两个分时图的走势也非常类似，都是早盘低开，迅速拉高，出现冲击波之后进行回踩，在阳线整体二分之一以上做巩固整理，但所处的位置不一样，市场含义就不一样。

图 1-8

上面的一段话说的就是上图中两个圆圈处的K线，表面上看，都是光脚阳线，但是前一个就不重要，后一个就重要，因为前一个是普通K线，也不是我们要找的进场点，在它收出阳线之后就开始盘整，而后一个阳线就是一根突破性K线，当股价有效突破之后就开始上涨。所以第一根不关键，第二根就关键。也就是说其他点位不重要，只有关键点位才重要。

我们再来论述本节第二个课题，追高。

每个股民买股都有追高的经历，别说你没有，如果你追高了，股价没有封板，而是冲到七个点八个点开始回落留下上影线，散户当天就会被套。下面我们还是拿盈方微来作为教学案例进行分析，圆圈一、二、三处都是冲高回落带上影线的K线，可是在没收盘之前，可能在盘中曾经一度会是一根大阳线，而此时，你在盘中正好发现了这跟大阳线，如果你着急去买，到了尾盘你就会发现自己追高了。那么有没有办法回避呢？答案是有的。

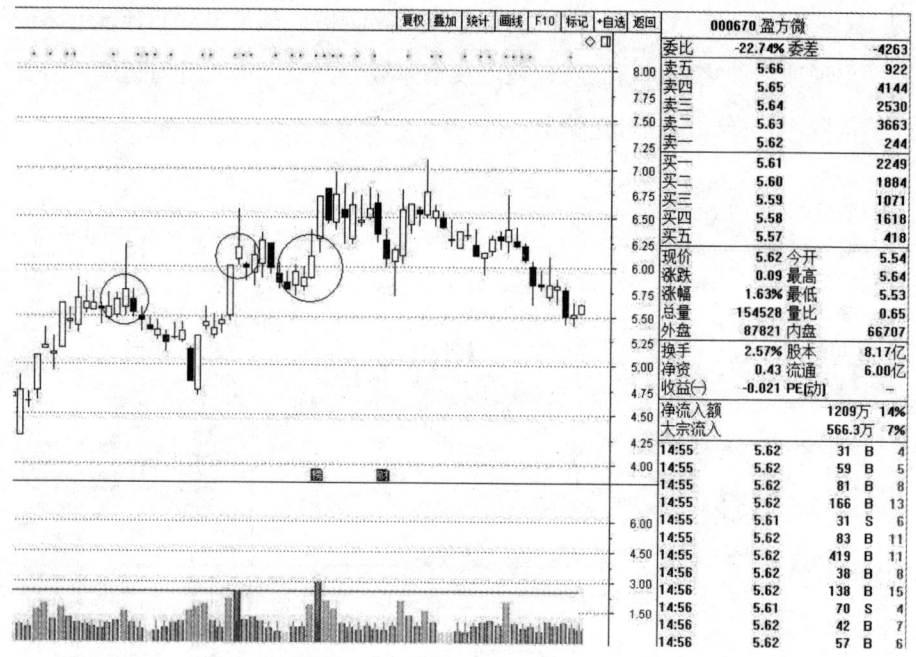

图 1-9

比方说你想要买入这只个股,要先来看看这根 K 线的分时盘口。

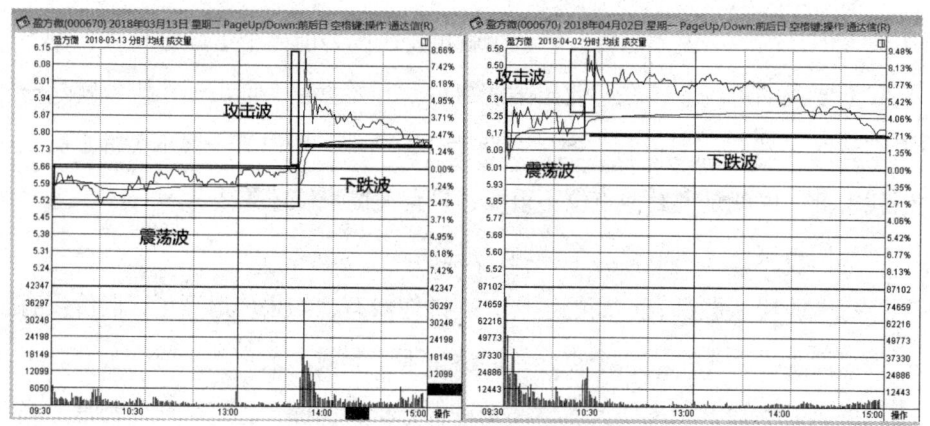

图 1-10

我们打开分时图（图1-10）一看，3月13日，盈方微在下午两点之前的走势都是在走震荡图形，然后突然放出大量，出现了攻击波，但随后股价冲高回落，而且股价回落的幅度跌破攻击线的二分之一以下，当天收了一根长长的钓鱼线。同样，4月2日的分时，后市也出现了主力出逃的下跌波，所以后市出现了持续下跌。当投资者看懂这些波形之后，就会有效回避，从而避免了金钱上的损失。见到这种钓鱼线的波形，就算是盘中冲到涨停你也不要激动，买了之后，只会挂在树梢上。再说这两根K线所处的位置也是前面章节所讲的"否"的位置，浪峰上不打板，技术要点我们一定要遵守。

那么问题来了，为什么第三根带上影线的K线没有下跌，反而来了个涨停板呢？下面我们从它的基因上去分析。

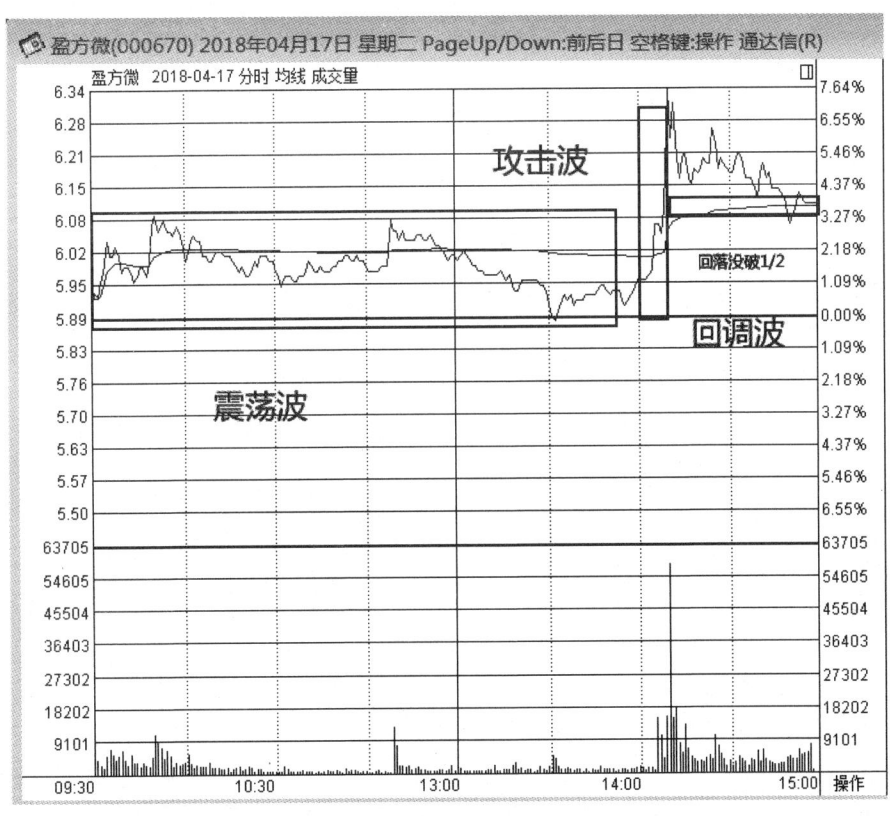

图 1-11

从 4 月 17 日的分时图（图 1-11）上来看，早盘有一个震荡波，也是在盘中出现了一个攻击波，可是它的回落正好回到了二分之一位，并没有破位，所以后市给拉上去了。破了二分位看作出货，没破二分位视为回调。

同样是一个 K 线形态，它的性质就差了那么一点点，它的结果是天差地别，这就是分时盘口的重要性。

所以，关键位置的关键 K 线，它的分时盘口极其重要。

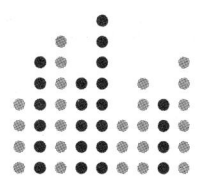

第二章
分时即时线与均价线

打开分时图,咱们在分时上,看到的总共就两条线,白色的为即时线,也称之为分时线,黄色的为均价线或者叫平均线。

白色的分时线时刻在波动,它的波动单位为秒。均价线可视为60平均线,也就是60秒波动一次,它的单位是分钟。分时线在均价线之上为多头,分时线在均价线以下为空头。分时线上穿均价线为金叉,分时线从上往下,跌破均价线为死叉。

如果只看单日分时图,以金叉死叉做投资依据是不可取的,因为在一天的交易时间里金叉死叉会频繁地出现,无效信号难以辨别。买卖要结合日K线为参考,分时线最大的作用,就是作为日线周期的一个买入或卖出的有效辅助工具,或者说是辅助方法,不能作为单独买卖依据。

除了单日分时,还可以参考多日分时,例如三日或五日分时。

多日分时的金叉与死叉,或多头与空头能作为买入或卖出的依据吗?也是不可以的。多日分时的买点也是以趋势量化交易系统为核心,建立在以上章节所讲的"是"的基础上的。买点要有对下降趋势的突破或箱体的突破。交易只有建立在趋势的前提下,做起来才会得心应手。

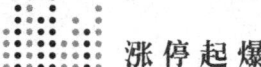

图 2-1

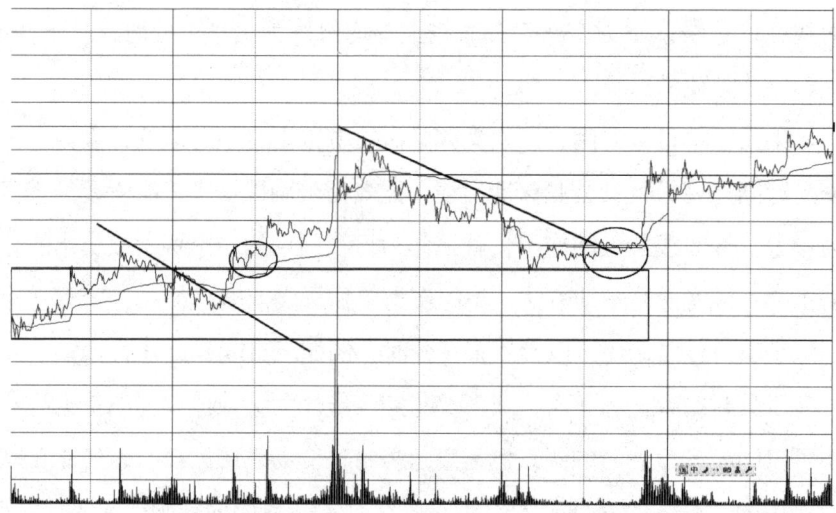

图 2-2

纷繁复杂的分时波动图，通过我们简简单单地用趋势线的方法，用箱体突破的方法这么一划，就可以找到突破进场点，让一切都变得清晰明了起来了。用这个方法找最佳进场点，是绝好的方法。股票就怕细化，你把它细化了，掰开了，揉碎了，你就会知道，哪些位置是对的，哪些位置是错的。所以从图中可以看出，处于下降趋势线以下的金叉信号都是无效的，只有在明确的上涨的趋势中，金叉的作用才是有效的。

在突破的点位进场，失误率低，拿的时间短，而且避免了连续下跌。在突破了下降趋势，或是突破箱体上轨，而分时图上恰巧又出现了金叉，出现多点共振去买股，会大大提高成功率。

也不是说到了技术上的买点去买股都会连续上涨，也有失败的可能。因为除了技术面，还有很多不确定的消息面，比方说大盘因素，国内的、国外的、财经的、政治的，还有公司方面的黑天鹅、灰犀牛都是会影响到价格走势的刺激因素。

单日分时看盘重点不在金叉死叉，重点在于整体走势结构，是一种宏观方向的判断。

看盘要点：

1. 股价是否突破下降趋势或箱体平台。

2. 是否分时底部有所抬高。

3. 分时是否处于均价线以上，股价处于多头。

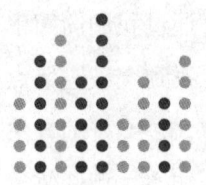

第 三 章

分时六种形态与实战

本章将要重点讲解分时盘口的六种波形。我们看分时盘口,必须要对它的走势结构有一个判断。股票的分时线有多种走势,细分下来有六种走势。六种走势性质各有不同,有的看涨,有的看跌,有的预示将要变盘。

六种走势具体分为:

1. 攻击波。

2. 冲击波。

3. 回调波。

4. 下跌波。

5. 震荡波。

6. 高控波。

以上六种波形是看盘时必须要注意的几种波形结构。冲击波和攻击波看似差不多,但还是有区别的。攻击波涨幅大,冲击波涨幅小。回调波,是在黄金分割线 50% 位以上,受到支撑的波形结构。如果价格上涨以后,跌破了中间的二分之一位,称之为下跌波。在我曾经看过的书中,也有介绍过这种波形,但是没有具体把回调波和下跌波分开来讲,带来了一定的操作误区。通过下文的讲解一定会给投资者带来很大的帮助。震荡波,是一种震震荡荡的走势,简称为震荡波。震荡波形细分为三种,一种是震荡向上,一种是震荡向下,一种是横向整理。最后一种是高控波,这是一种特殊的分时走势,在一个极小的范围之内震荡,是一种高度控盘的特征,此种波形也称为麻绳波或长城波。

下面把六种波形一一进行详解。

攻击波是一种向上强势攻击的波形,以短时间内,出现三个点以上的分时涨幅,命名为攻击波。

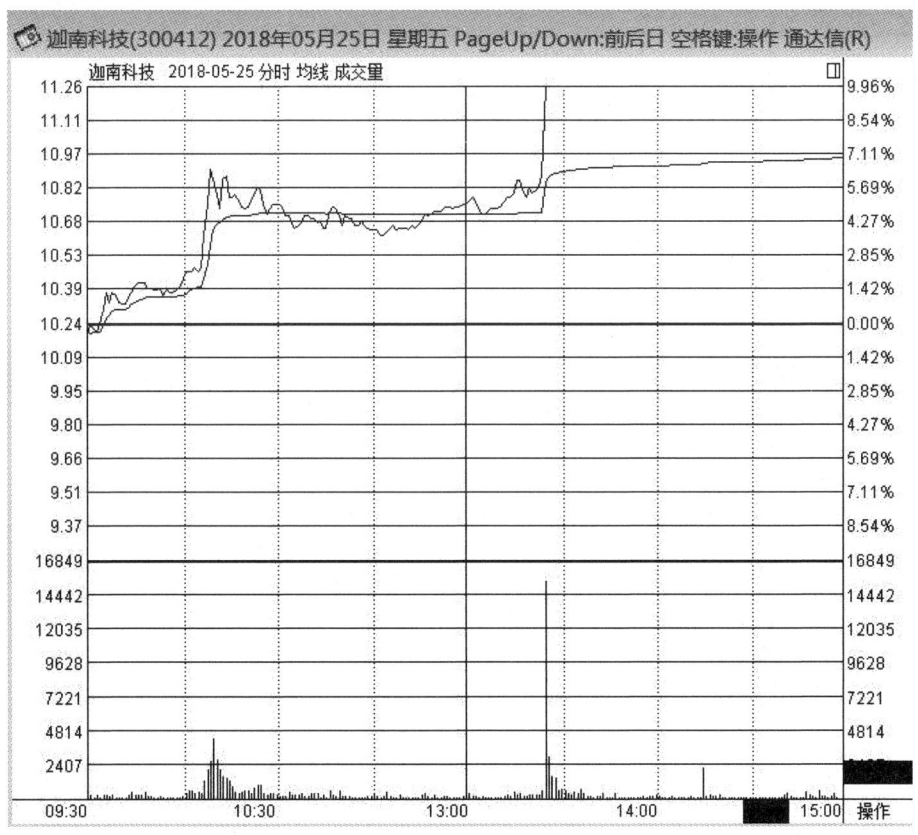

图 3-1 迦南科技,2018 年 5 月 25 日涨停阳线

上图是迦南科技 2018 年 5 月 25 日涨停阳线的波形。该日股价先是小幅上涨做横盘震荡，10 点过后拉出了超过 5 个点的攻击波，然后出现了中幅等时调整，下午开盘不久，主力以三波式攻击涨停。因此，攻击波的力度比较大，涨幅也比较高，一波无差别定向火力攻击就能拿下 3 到 6 个点，尤其是出现连续的攻击波，也就是连续上涨 3 个点以上的分时线，很容易出现涨停。所以攻击波的力道比较大，是抓涨停板经常遇到的一种分时浪形结构。

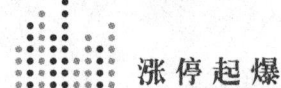

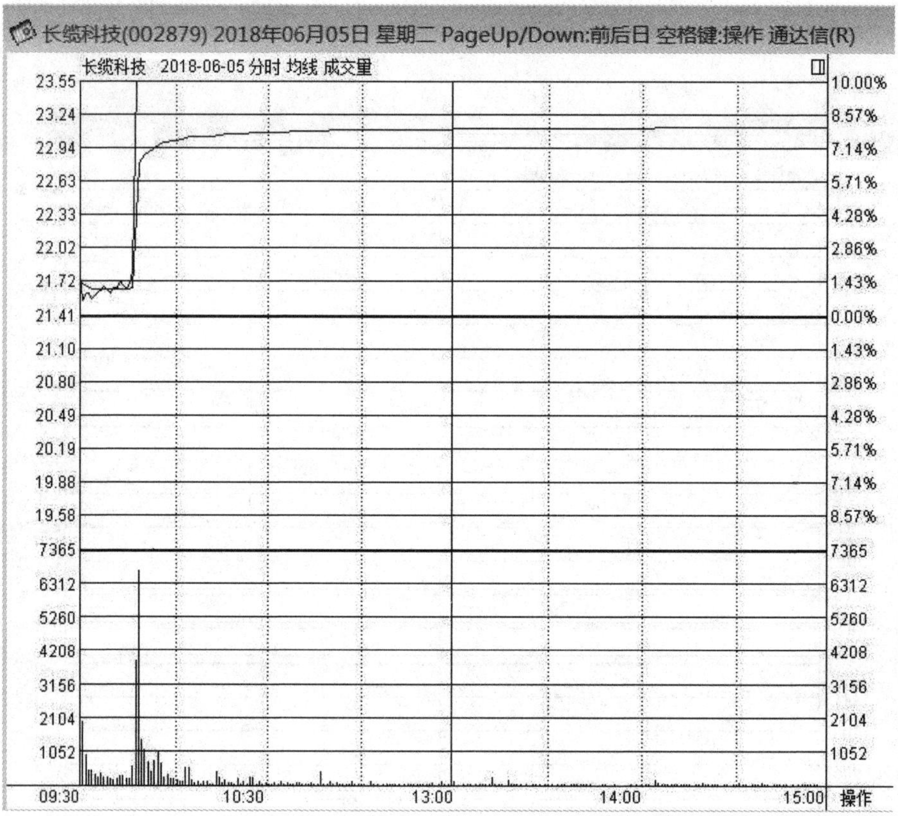

图 3-2　长缆科技

长缆科技在 6 月 5 日，早盘高开后，分时线在昨日收盘价以上做平台整理，开盘没多久，突然发动行情，以超过 8 个点的攻击长波，一波式拉到了涨停，攻击波的威力可见一斑。

除了攻击波以外，攻击力度排在第二的为冲击波。冲击波攻击力度比较零散，以一波涨幅 3 个点以下称之为冲击波。冲击波力度有限，行情比较磨叽，在一个行情之中，会出现很多次冲击波，多个冲击波连在一起会形成震荡上涨波，还有可能会宽幅震荡盘整，或震荡下跌。

图 3-3　泸州老窖

上图中，泸州老窖的分时图就是由多个冲击波组成的宽幅震荡波。

回调波是做股票很关键的一个波形结构，准确地识别回调波也是咱们敢于出手，敢于亮剑的市场判断依据。回调波！！的确很重要！

攻击波是盘中往上涨，涨跌，跌涨，包括冲击波也是涨跌、跌涨，这两种波形的波动比较频繁。但是回调波指的是一波式的行情。所以准确识别回调波以后，就能依据凭证知道我们所要做的这根 K 线，或者这个买点，是否具备这样的一个买入潜力。

回调波，本章开篇也讲到了，也就是在上涨的过程之中出现的回调。对于刚开始起动的上涨，不要管它上涨了几个点，因为这波拉升的幅度可以是任何涨幅，也不要管它是分为几个波形上来的，不管是八个点九个点，五个点六个点，涨幅无需考虑，你只需要考虑从最低点涨到最高点之后，回落了多少就可以了。下面直接上图。

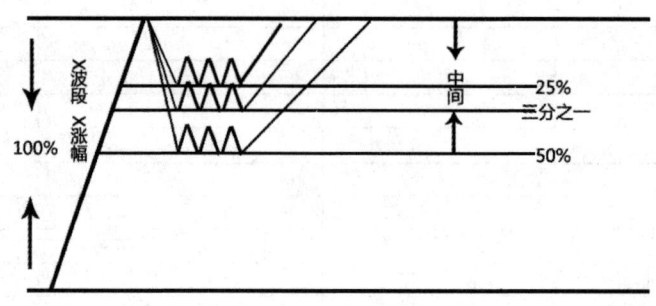

图 3-4　回调波

上图中，我们把这一波从低点到高点的涨幅定位为百分之百。二分之一位为黄金分割线，也就是总体涨幅中间的位置，称为百分之五十位。在最高点划一道线，两条线中间的中间定为四分之一位。这条线再往下偏下一点点是三分之一位。上图中都有明确的标示。

也就是说当价格冲高回落到 25% 的位置开始拉升，或回落到三分之一的位置拉升，最多回落至 50% 的点位进行拉升，我们都把它定义为回调波。这三个点位回落到哪个位置都可以，只要是不再往下，对 50% 点位的跌破就可以。

尤其是行情在尾盘的研判更重要。5 月 28 日，东杰智能行情通过一天的震荡运行，在午后出现了一波强势的拉升。我们把图中盘整的行情忽略掉，从它的急速拉升开始计算它的百分比空间。虽然股价冲高回落，但是只要尾盘能够在二分之一位的位置站稳，并且尾盘拉升，尾盘半小时拉升最好，这就叫回调波。

回调至百分之五十上的任何位置，都可以。只要在尾盘收盘以前。能够维持在这波上涨行情的 50% 以上，统统视为回调波。

那回调波又有什么含义呢？实际上这个回调波，这"回调"两个字都有含义，回调，冲高回落，冲高调整一下，上涨中途的短暂休息。

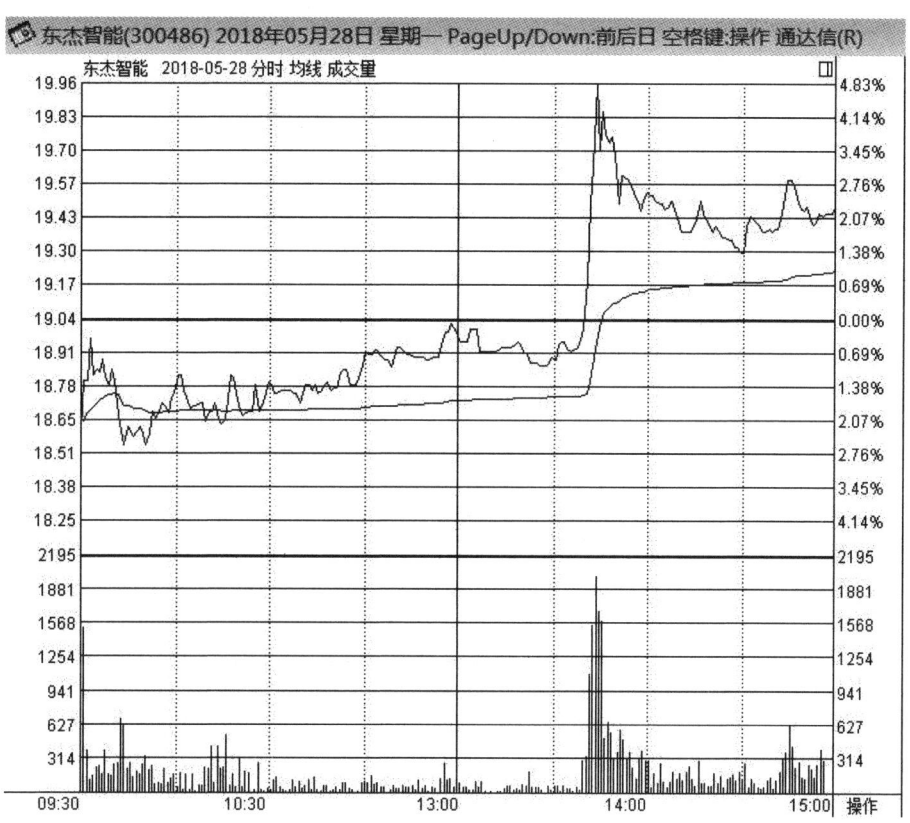

图 3-5 东杰智能（300486）

接着再讲下跌波。下跌波和回调波看似类似，实际上有天壤之别。

相似之处就是前期都有一波强势拉升，当价格冲高遇阻以后，震震荡荡开始回落。跌破二分之一位，并且没有上涨的意思，别管跌多少，哪怕跌到阳线的起动点，甚至更低，只要跌破 50%，都可以理解成是下跌波。

下跌波的意思很明显，下跌波就是下跌。这种情况在看K线图的过程之中，不容易被发现，比方说，这是一个大阳线，从K线的表面来讲，你顶多看到一根上影线。你看不懂其中的意思，只有双击K线打开分时结构，才有可能看得更清楚，原来这个K线的内部分时图是这么走的。

包括刚才讲到的回调波，外表也有可能是和下跌波同样的阳线，外表一模一样，包上影线和实体组成部分哪都一样，这时就只有打开分时结构才能分辨出哪个是下跌哪个是回调。如果分时图是下跌图形，都预示着这只股票未来会下跌。如果是回调波的话，它不一定会下跌，第二天可能会低开或者高开甚至是高开高走。

所以，同样的一根K线，波形结构的不同，代表了价格的不同、走势的不同，这是回调波和下跌波很重要的区别。在临盘实战中，如果遇到的是回调波，可以大胆地去买，已有的仓位可以继续持有。如果是下跌波，要及时卖出，规避风险。

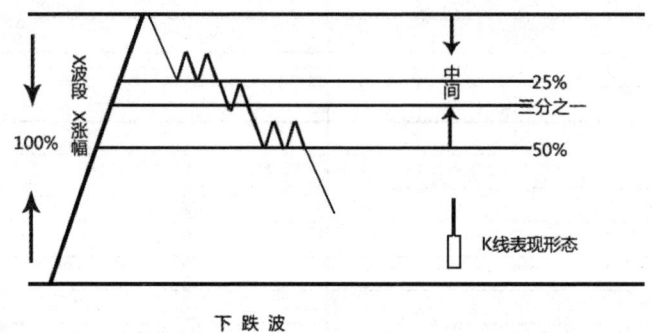

图3-6 震荡波

再来说说震荡波。震荡波形有三种：1.横向震荡。2.向上震荡。3.向下震荡。

震荡波在上涨的过程当中，由多个冲击波组成，冲高回落，再冲高，再回落。这种冲击波有两种倾向，向上的倾向和向下的倾向。向上的震荡波稍微偏强，向下的偏弱。横向震荡的表明暂时多空力量平衡，具体所代表的含义要看 K 线所处的具体位置。

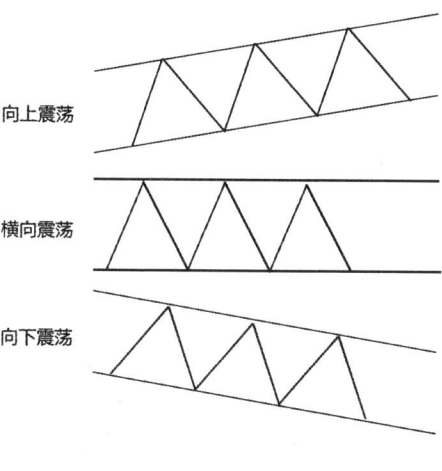

图 3-7 高控波

除了震荡波，还有一个高控波，也就是高度控盘波段结构。高控波分为三种图形。一是极度高控波，也就是在一分钱两分钱之间，保持某一个时间段，这个维持时间可长可短，也许是二十分钟也许是一个多小时，时间长短不等。出现高控波的图形，可能会上涨，也可能会下跌，也就是说前期无论是涨上来的分时还是跌下来的分时，经过高控波修正之后，会选择方向，出现向上变盘或向下变盘。

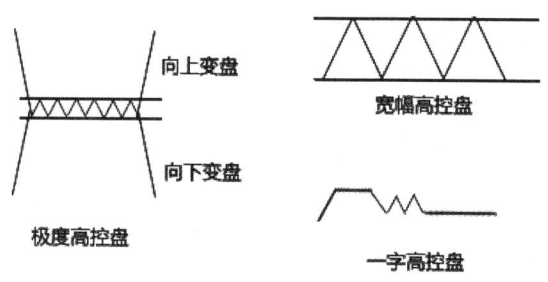

图 3-8 高控波

第二种高控波比较宽范一些，震荡幅度大一些，也归纳为高控盘图形。

高控波有一个特点，基本上是横向运动。

第三种高控波是某个时间段走直线的一字高控盘。形成的原因有两个因素，一是高控盘，二是交易量很萎靡。这种波形虽然不多见，但是也会偶尔出现。

讲完以上六种波形，我们再根据 K 线形态做一个分解。看一看哪些股票走出了哪种波形结构，它起到了什么作用。

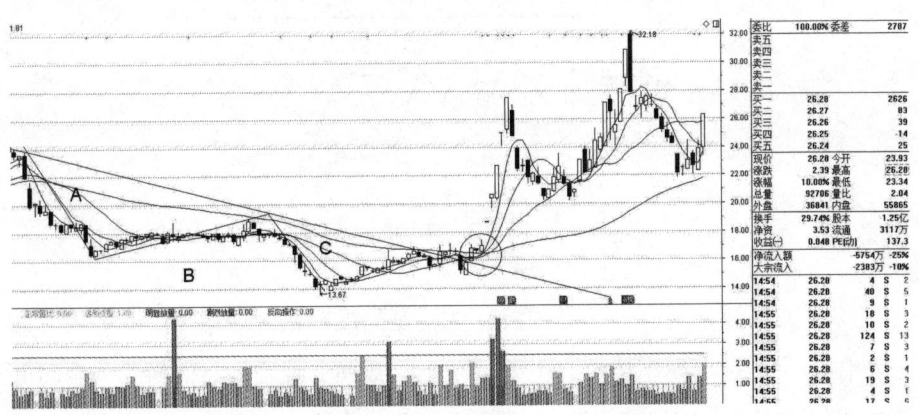

图 3-9　惠威科技（002888）的股价走势图

上图为惠威科技（002888）的股价走势图。我们来分析分析这只股票这一段时间以来的股价走势。咱们把这几个分时结构逐一做一个梳理，从它的 A、B、C 三浪的下跌，再到五浪的上涨做一个系统的分析，本节不再去说其他个股，针对惠威科技做一个详细的讲解，从波形结构上一点点去看，找到上涨或下跌的动因。

买股首要遵守的就是形态突破，未突破之前不能盲目介入。该股 2018 年 3 月 27 日，K 线图突破了下降趋势线，这时到底能不能买呢？这就来到了本节实战环节的讲解。

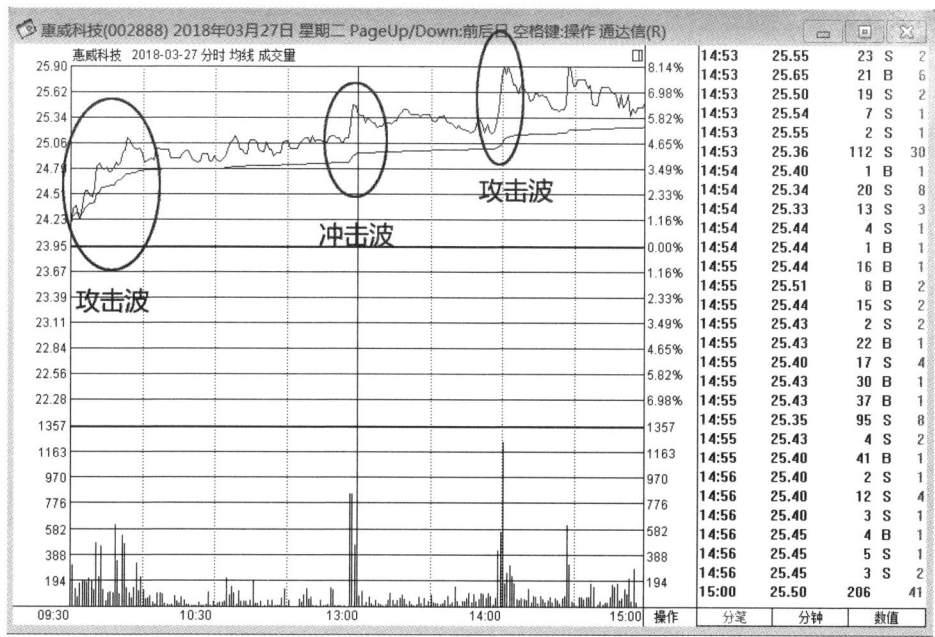

图 3-10　惠威科技 3 月 27 突破时阳线的分时图

上图是惠威科技 3 月 27 突破时阳线的分时图，该图从第一观感上，给我们的直觉就是一个震荡上涨的波形。以后的章节还会讲解波形结构与成交量的有机结合，上涨如果没有量能的配合，行情是走不远的，今天不牵扯到买点与卖点的讲解，主要讲的是六种波形结构，每个章节都要突出一个重点。

言归正传，上图中，早盘拉升的第一波是一个攻击波，大约从 1 个点涨到了 4.5 个点，中盘往上冲击了 1.5 个点，两点钟的时候从 5 个点上涨到了 8 个点，多个向上的攻击与冲击波形，构成了一个整体向上的震荡波形结构。上升的震荡波形自然是看涨的，所以给我们的第一直觉就是这个股票未来要上涨。不看大盘因素，不看板块因素，现在只看分时盘口。

紧接着第二天收出了一根阴线，虽然是阴线，但是从一天四个小时的波形结构上看，是一种宽幅高控波，说明庄家已经对该股高度控盘，提供给我们的另一个信息是主力没有出货。

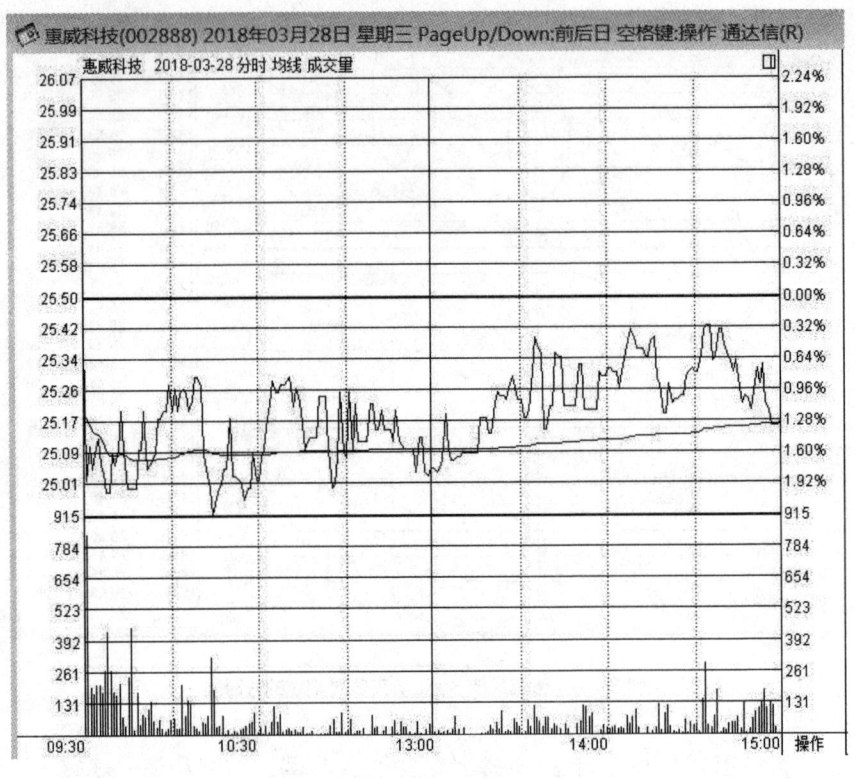

图 3–11

接着来看看第三天的行情。主力早盘率先拉出了一轮攻击波的上涨，价涨量升，可是好景不长，到了 10 点钟股价就开始下跌，而且吃掉了早盘全部的涨幅，随后该股从 10 点 50 到 14 点 10 分，分时是横盘震荡的，但是在 14 点过后，行情却慢慢地拉了起来，证明主力把丢掉的筹码又慢慢捡了回来。从总体时间上来看，主力只是从 10 点到 10 点 50 分这个时间段是在卖的，而其余时间段，这力不是在买就是维持横盘震荡，从总体波形结构上划分，尾盘正好落在了阳线的二分之一位，由此我们判断，这是主力是在 U 形洗盘，而非出逃。况且盘中在跌破昨日收盘价后，只停留了少许时间，这也说明，主力不想让市场捡到更多廉价的筹码。

纵观这三天行情所组成的 K 线组合形态，这是一个两阳夹一阴的多方炮，而且有效地站稳了 60 日平均线，这就有了明确的看多理由。

图 3-12

出乎意料的是在第四个交易日,惠威科技在 9 点 25 分开盘,集合竞价结束直接高开了 9.66% 个点,离涨停价格只差了几分钱,首笔成交 5000 多手,巨量高开,这是明显的主力行为。在九点半开盘以后,主力直接以涨停的价格又打出了一个 8000 手的大单,然后以迅雷不及掩耳之势,五万手封住了涨停。接着行情完全爆发了,此股一鼓作气,在随后的几个交易日一口气拉出了五个涨停板。

股票市场上有着约定俗成的一句话叫趋三避五,也就是三个涨停,或五个涨停之后就会遭遇天花板,容易遇阻回落。天下没有不散的筵席,再好的行情也有结束的时候,五个涨停板之后,K 线在高位收了一根断头铡刀,行情戛然而止,但是这波行情如果你读懂了 K 线语言及时参与,就会让你赚得盆满钵满。

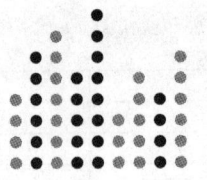

第四章
分时量价的重要性

本章的讲解很关键也很重要。分时走势等于是价，成交量是量，这也称之为量价关系，量价不分家，做股票不看量，都是瞎胡闹。所以通过本章的学习，对投资者以后做股票的研判，至关重要。量价关系大体由以下几种组成。

1. 量增价涨，后市看涨。
2. 量增价跌，后市看跌。
3. 量增价平，将要变盘。
4. 量减价跌，缩量下跌。
5. 量减价升，缩量上升，谨慎看涨。

以上五种关系是看盘必须要注意的，作用比较重要。

量增价涨，就是成交量放大股价往上涨，后市看涨。分时图上的成交量跟单根K线的成交量表现形式是不一样的。不论是日K线图，还是30分钟或60分钟K线图，都是以量柱的形式出现的，而分时图中的成交量都是以堆量的形式或量峰出现的。但两者性质上一样，判断方法也一样，唯一不同的是观察方法不一样。

第三篇 分时盘口精解

量增下跌是放量下跌，成交量放大，股价下跌，预示着后市还要下跌。

量增价平是成交量放大，但价格没有变化，在某一个位置保持着一个相对平衡的价位，这是一个将要变盘的信号，在投资的过程中，会经常性地遇到。

量减价跌，量缩下跌，后市看空。成交量一直在萎缩，但股价却一直在下跌。这里面还有一个含意，就是股价回调的一个走势。是下跌还是回调，在分时图中要根据上文说的黄金分割线来判断。不破二分位看作回调，破位看作下跌。

量增价跌，成交量放大但是价格下跌了，这叫放量下跌，后期看跌。

其中量增价平，是一种变盘信号，到底是向上变盘还是向下变盘，下面我们来举实例进行说明。

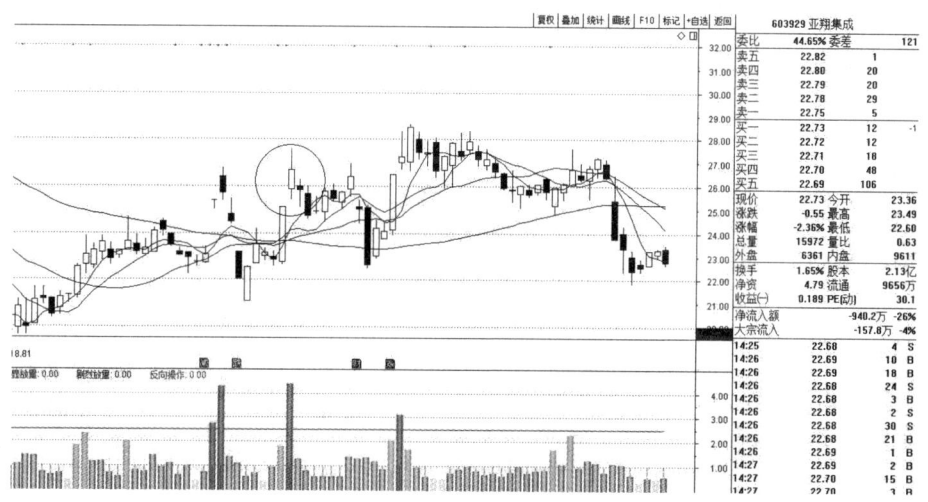

图 4-1 亚翔集团（603929）

讲到这里我们还是要说关键位置，关键 K 线的关键分时盘口，这里有三个关键。只有抓住这三个关键，分析股票才有意义。在个股日常走势中，每天都会走出一根 K 线，如果对每根 K 线都去分析，意义是不大的，针对性不强，也根本做不到。只有处于转折点、多空拐点的 K 线，才有分析的意义。投资者只需对买卖点的 K 线进行着重分析，普通处于中枢区的 K 线没有分析的必要。

亚翔集成（603929）在图中经过连续上涨，走到了图 4-1 中的圆圈处，当看见这么一个 K 线图，投资者到底是该买还是卖呢？肯定在内心有很多的纠结，这时就需要打开这个分时盘口，看看内部结构了。

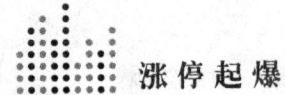

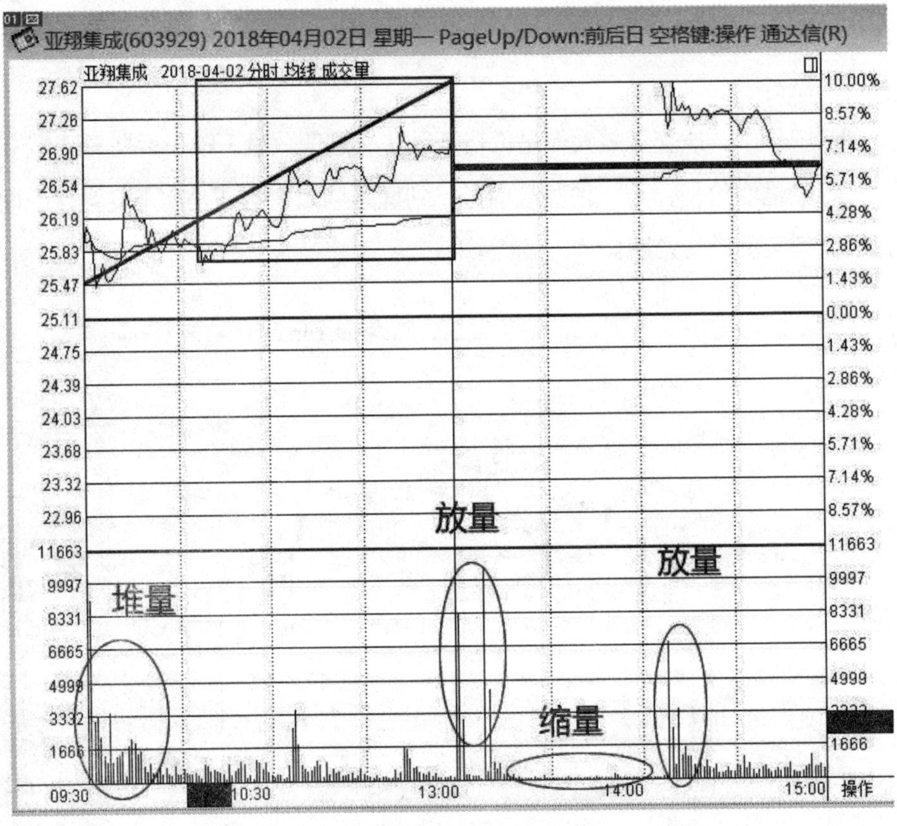

图 4-2　亚翔集成（603929）

图 4-2 的分时盘口语言是，早盘开盘几个冲击波打到了涨停板，但在尾盘涨停打开，开始下跌，我们从攻击波的始端开始看，收盘的下跌幅度跌破了均价线，破了二分之一位，我们应该把它看作是下跌而不是回调，后市谨慎看空。

再来看看它的量能。看量能，投资者要先找到涨的点和跌的点，找到这些点有什么用处呢？只有找到这些点才能找到上涨的动因和下跌的动因。

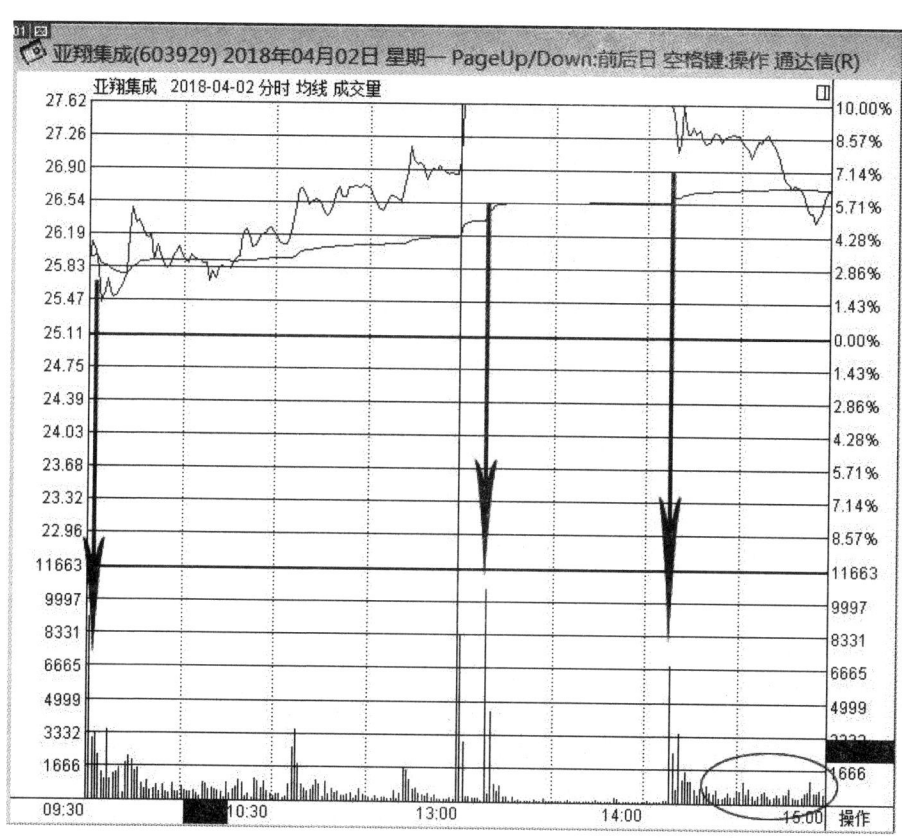

图 4-3

早盘开盘以后，高开直接低走，而且是放量下跌，说明早盘有资金出逃，虽说午盘该股涨停了，但随后出现了单笔巨大量峰的出逃，从图 4-3 中可以看出达万手以上，而且不是一单，一单砸出上万手，绝非散户的集体所为，一定是主力有预谋的砸盘。虽说没有开板，但至少表明这个量能是不健康的，这是不良资金，而非优良资金。再往后看，两点多钟，主力终于不再遮掩，连续几笔大单砸开了涨停板，随后出现了一连串的中单卖出，致使股价一路下滑，分时上呈现了春水东流之势，表明主力一直在出逃。庄家以拉涨停板的形式吸引市场投资者的关注，诱多。看似拉升，实则出货，量增价跌，后市看跌。

这就是为什么打板以后有的股价后市会上升，有的会下跌，和优良资金、不良资金的量能有着直接的关系。

再往后看 4 月 18 日这天，股价经过一轮调整，在四浪末五浪初触底反弹那根阳线的分时。

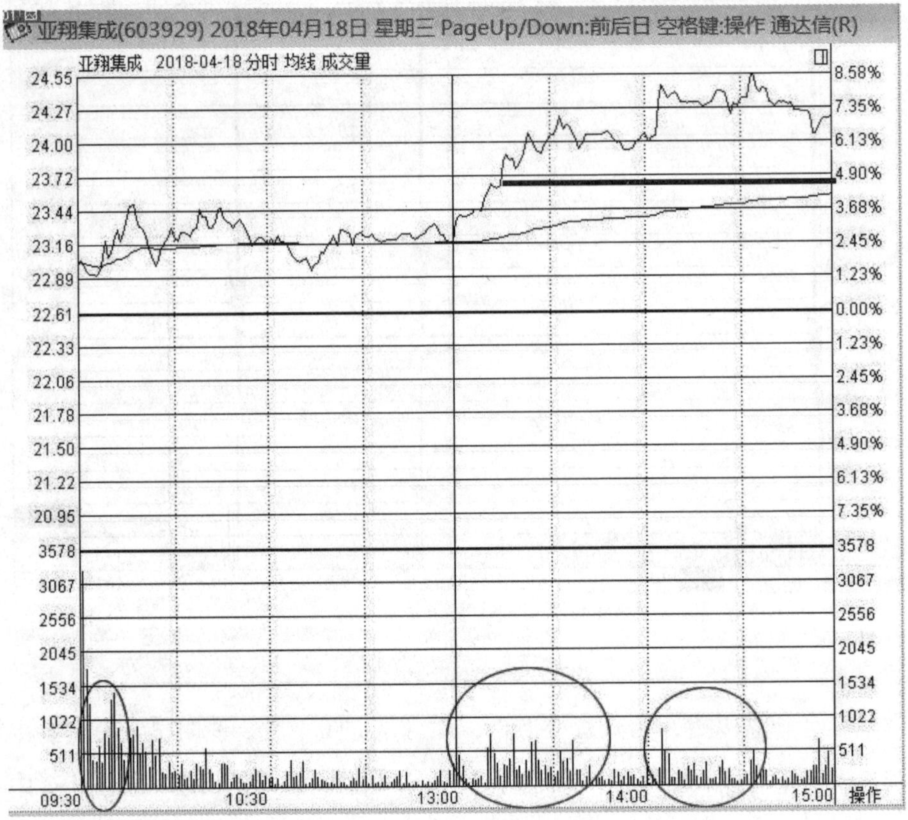

图 4-4

从这张分时图看到了什么？看到的是股价持续地在往上涨，虽然尾盘有那么一点点回调，但远在二分位以上，甚至在四分位以上，说明这个阳线是在买买买，股价没有下跌的意思或是出货的意愿。

该股在早盘的时候有一个堆量,这个堆量是不是和上一个图形有所区别?这个位置是放量上涨的,量增价涨,后市看涨。然后股价维持震荡,价平量平,围绕着均价线上下震荡,走出了高控波的图形。午后开盘,盘面上又出现了放量上涨、量价齐升的局面。尾盘有小幅回落。但是前面已经有三个涨了,就算尾盘回调了一点点也无所谓了,况且尾盘下跌对应的量能也只有那么一点点。

综上所述,投资者从图中明显看出是一个上涨的节奏,在这个过程中,是量增后价涨,后市看涨。

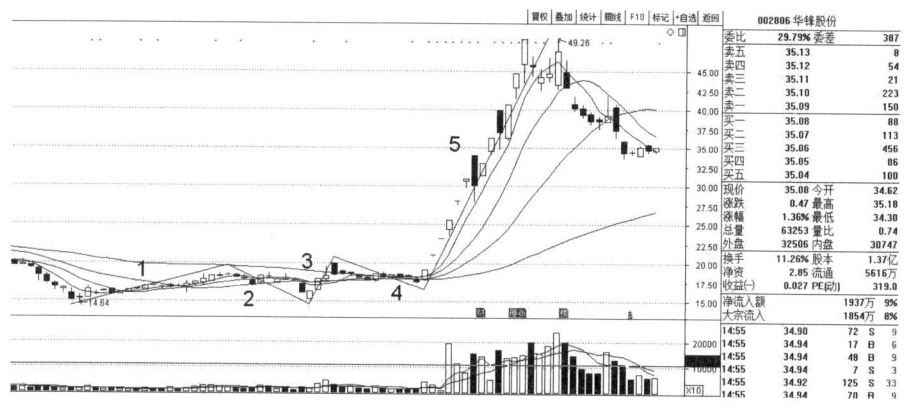

图 4-5 华锋股份(002806)

在华锋股份走势图中,我们又看到了啥?还是那句话,关键位置关键K线的关键分时盘口。那么关键位置怎么判断呢?上穿操盘线就是关键位置,涨得多了,明确的见顶信号就是关键位置。关键位置见顶和见底的K线组合也就那么一两根,两三根K线,只有它们才是我们要研究的对象,其余中间的K线没有太多研究的必要。

上图中的华锋股份在4浪末5浪初,为什么会拉升这么多呢?我们能把握住这一波行情吗?答案是肯定的。华锋股份行情发动的初期是一个涨停板,是一个吞没形态。下面来看看这个涨停的分时情况。

图 4-6

我们看盘时，短线精灵都会显示个股急速拉升的即时行情，当系统提示，华峰股份上涨 7% 时，我们盯盘时会及时地发现它。在 10 点前的这一波的攻击行情中，白色分时线离均价线太远，遇到这种高乖离，我们先不要去买，等它回落到均价线附近再说。股价受到均价线支撑稳步上移，当股价二次冲锋又到了百分之七前高的位置，一旦超过前高就到了涨停临界点，那咱们能不能打板呢？这时就需要研究量价了。因为封板的一瞬间，出现了单笔巨量封涨停，所以把涨停板之前的量能给压缩了，变成了电杆小草。如果没有后面的量峰，前面的成交量也是很大的。从分时图中，我们可以看出，每一次的次级放量，都对应着一个股价的上升，价涨量升，量价配合，是一种健康的量价关系。

另外从 K 线形态上，此时股价正处在三军会师的地点，一阳穿四线，标准的出水芙蓉，当股价站上了所有的均线后，均线向上发散，形成合力，后市必上涨无疑。

再往前看，在 2 浪末 3 浪初的涨停板能不能买呢？那就看市场给不给机会了，下面我们打开这根 K 线的分时。

图 4-7

这是 3 月 27 日的涨停分时波形，分时图分为两个阶梯式，股价先是早盘由一个冲击波拉升了两个点，然后股价维持高控盘的横向震荡，甚至是出现了不多见的一字麻绳波。随后股价又出现了一个攻击波，股价开始向上震荡，量减价升，说明盘中的抛盘很轻，这两种波形的结合只有主力在高度控盘的情况下才能出现，同时，说明这种量价结构也最安全，因为主力一直是在用中单买进，临盘需要在涨停临界点及时跟进。果然在尾盘走到了梯田的尽头，封死了涨停。

上图的分时结构也是按照准三浪五波式上涨的，具体的波形划分，请投资者自己体会。

第五章
分时盘口的买入模式

投资者在做股票的过程之中,大家都喜欢去看均线,指标或者是量能,这些东西都有它的可取之处。但是在真正的开仓之前,你必须要懂得分时盘口的重要性,因为分时盘口决定了每一根日K线当天主力资金的意图,在分时盘口这个环节上,可以看出来,主力是在买还是在卖。

前几章讲了分时线、六种波形和成交量,这些都是比较直观地看到当日的主力的买与卖的客观现象。本章主要讲解主力资金怎么买入的模式。

如果是主力在买,你也在买,你就跟上了主力的步伐。如果是主力资金在卖,你反而是在买,那不就成被割的韭菜了吗?所以我们就要通过分析分时盘口来辨别主力的买入模式。

主力资金有几种买入模式呢?第一种就是强势的买买买模式。这是一种比较直观的买入模式,也是一种强势的拉升模式。具体怎么买的还要和之前讲的量能相结合。

第二种买入模式是先买后调,叫拉升买入回调式。

第三种是震荡买入式。它的整体结构是以震荡为主,是买还是卖,也要

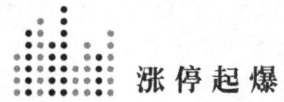

与之前的量能做有机的结合。我们所讲的一系列技术都是相关联的，都不能脱节拿出来单独使用，缺失哪一个技术要点，交易都是不完整的。

图 5-1　三种买入模式示意图

下面直奔主题，以图例讲解。

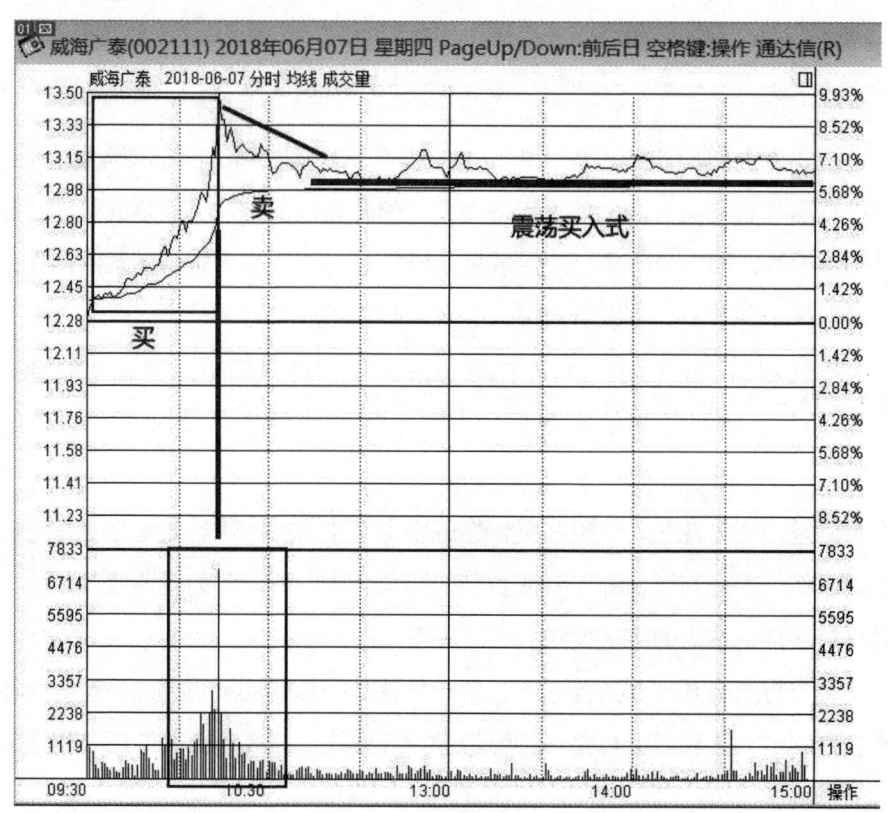

图 5-2　威海广泰

分时线与均价线上文已经讲得很详细了。分时结构属于哪种形态，还需用软件自带的工具简单画一画。如果回落在二分位之一，要把它看作是拉高买入回调式。它是否在买，还是怀疑为真实地在买，这是由成交量来决定的。以上节课讲的量价关系来分析，不难看出，主力早盘明显地有一个买买买的动作，一波式的攻击拉到了涨停，可是涨停板并没有封死。随后分时出现了卖的模式，虽说是卖，但从这个分时上看，出逃量明显少于买入量，此后分时一直是高控波的震荡买入式，尾盘维持在二分位之上。因此，判断此种波形为买入回调式。一只股票在上涨之前主力必须达到高度控盘，从分时盘面上，某根K线的分时图必须出现高控盘的波形。

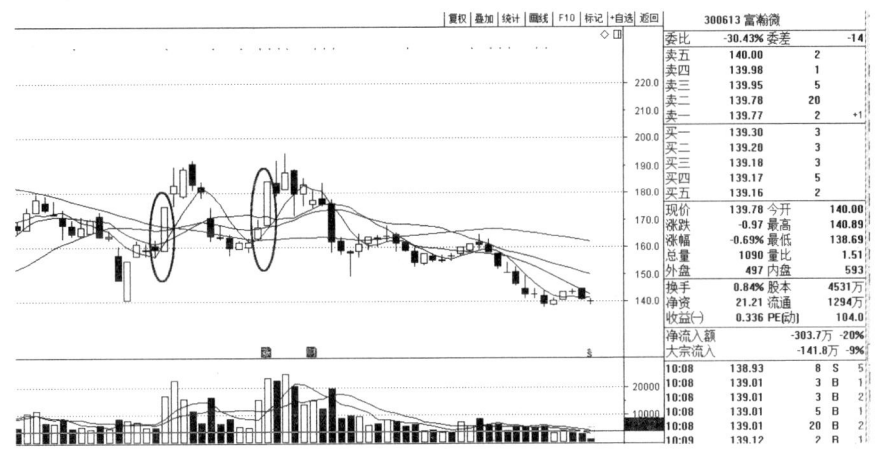

图 5-3　富瀚微

上图中的富瀚微出现了两个涨停板的走势，咱们就事论事，只从技术面去分析，看看涨停板的前一天K线的分时，有没有为涨停提前做好铺垫工作。

从后往前看，先看4月17日分时图形，此种图形给我们的第一直觉，全天呈现一种买——卖——买的模式。早盘放量拉升5个多点，表明有大量的资金在积极参与。中盘虽然出现了回调，但是量能明显萎缩，说明市场惜售，下跌是主力洗盘。调整结束后，分时图再次出现了放量拉升，堆量上涨。

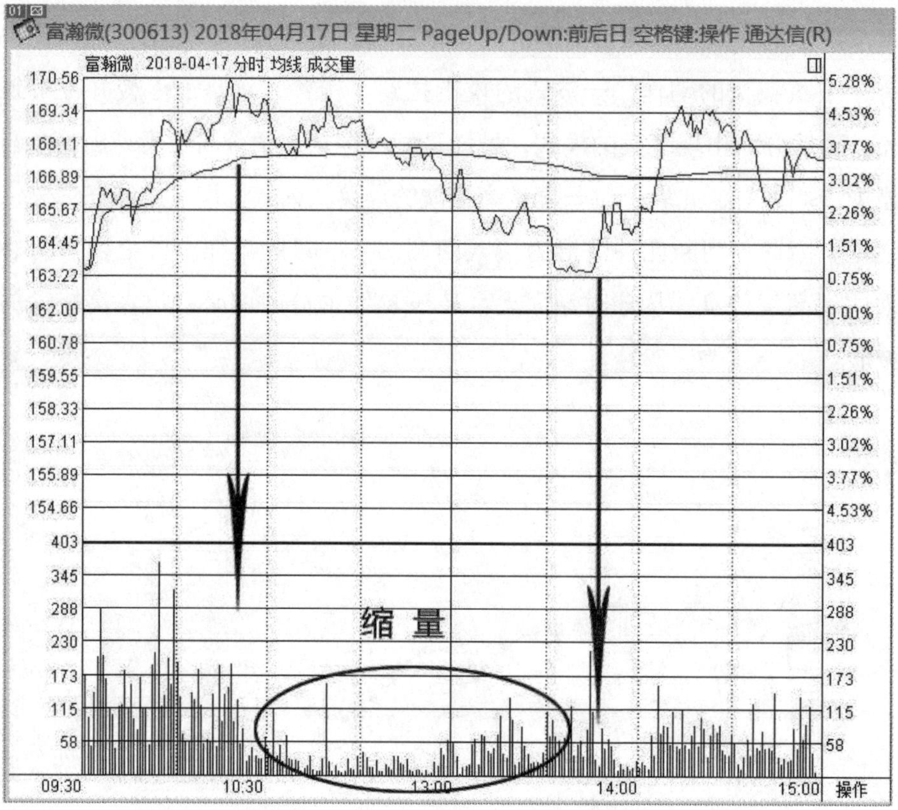

图 5-4

再从它的整体架构上来看，全天是一个大箱体的震荡，没有明确的看空理由。盘中有买入有卖出，但是总体上来看买方的力量偏强，并且尾盘出现了一个小幅的拉升，说明有资金回流，全天是以买入为主的分时盘口，如果在尾盘投资者想买入这只个股，还是可以介入的。如果这根 K 线还拿捏不准，我们不妨再往前一根去看。

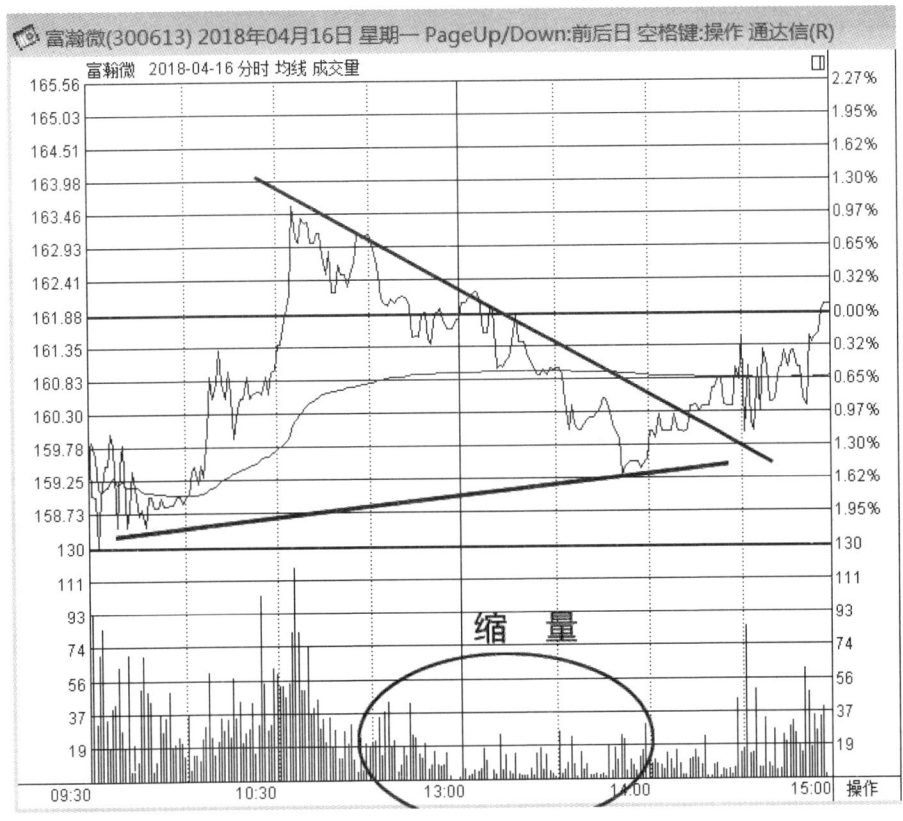

图 5-5

图 5-5 是 4 月 16 日前一根 K 线的分时图。该股尾盘出现了宽幅荡漾向上，整体架构是大的二底抬高。尾盘有一个三角形的突破。这里先不考虑形态上的突破，重点分析量价关系。早盘就是一直在放量的买买买模式，中间缩量下跌，尾盘再次放量拉升。总体分时就是一个买——卖——买。

再来看前一根涨停之前 3 月 29 日的那根小阴线。这根小阴线是在买还是在卖呢？从整体的架构上来讲，它是高开震荡然后一路跌下来，以昨日收盘价为中轴，以中午收盘时间为分界点，上半场是跌——涨——跌，下半场是涨——跌——涨。给我们总体一个感观就是下午没有一直在走下降通道，主力并没有刻意卖出，盘中有意护盘，而且最后一个小时还是一种买进的模式。如果尾盘不是拉升，而是一直在往下走，那就很可怕了。读懂了分时盘

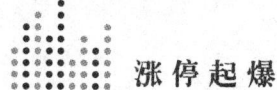

口，会对我们的操作起到一个决定性影响。

哲学上，事物发展的周期包括三个阶段，即肯定阶段、否定阶段、否定之否定阶段即新的肯定阶段，反映了事物发展道路的起伏性和曲折性。这句话用在股票上再贴切不过了。

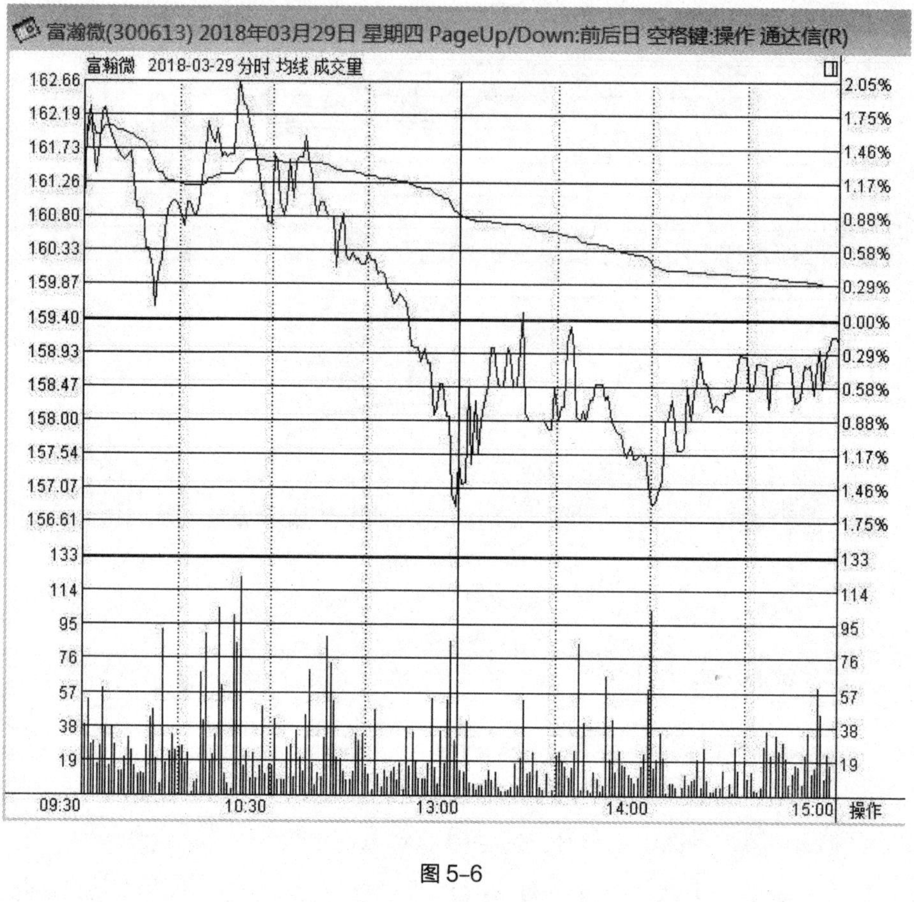

图 5-6

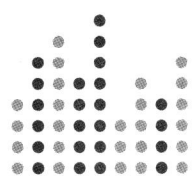

第六章

分时盘口卖出的判断

股票有买入就会有卖出，把股票卖在一个高点，或卖出股票后股价就开始下跌，是每个股民梦寐以求的一件事情。在讲这个问题之前，这里先给投资者分享一个非常好用的幅图指标。

{★底部提示：副}80,POINTDOT;

50,POINTDOT;

20,POINTDOT;

VAR2：=(CLOSE−LLV(LOW,20))/(HHV(HIGH,20)−LLV(LOW,20))*100;

VAR3：=SMA(SMA(VAR2,3,1),3,1)/28.57;

VAR4：=EMA(VAR3,5);

VAR5：=3*VAR3−2*VAR4;

AA：=CROSS(VAR5,VAR3) AND VAR3<2.1 AND C>O;

VAR6：=(2*CLOSE+HIGH+LOW)/4;

VAR7：=LLV(LOW,13);

VAR8：=HHV(HIGH,13);

VAR9：=EMA((VAR6−VAR7)/(VAR8−VAR7)*100,13);

VARA：=EMA(0.667*REF(VAR9,1)+0.333*VAR9,2);

多：VAR9,COLORRED,POINTDOT;

空：EMA(0.382*REF(VAR9,2)+0.618*VAR9,12),COLORGREEN;

STICKLINE(VAR9>VARA,VAR9,VARA,6,0),COLORRED;

STICKLINE(VAR9<=VARA,VAR9,VARA,6,0),COLORFFCC66;

这是通达信软件需要安装的，但也有很多投资者喜欢看同花顺软件，为此我们又对该指标做了修改，适合于同花顺软件的安装。

100,POINTDOT;

50,POINTDOT;

VAR2：=(CLOSE−LLV(LOW,20))/(HHV(HIGH,20)−LLV(LOW,20))*100;

VAR3：=SMA(SMA(VAR2,3,1),3,1)/28.57;

VAR4：=EMA(VAR3,5);

VAR5：=3*VAR3−2*VAR4;

AA：=CROSS(VAR5,VAR3) AND VAR3<2.1 AND C>O;

VAR6：=(2*CLOSE+HIGH+LOW)/4;

VAR7：=LLV(LOW,13);

VAR8：=HHV(HIGH,13);

VAR9：=EMA((VAR6−VAR7)/(VAR8−VAR7)*100,13);

VARA：=EMA(0.667*REF(VAR9,1)+0.333*VAR9,2);

多：VAR9,colorred,POINTDOT;

空：EMA(0.382*REF(VAR9,2)+0.618*VAR9,12),colorgreen;

STICKLINE(VAR9>VARA,VAR9,VARA,16,0),colorred;

STICKLINE(VAR9<=VARA,VAR9,VARA,16,0),COLORFFCC66;

这个幅图指标也是功能强大，是能够提前预判顶部的一个很重要的工具。富瀚微在 5 浪的起涨点收了个涨停板，可是股价并没有走多远，反而后市出现了下跌的走势，这就是与趋势背离指标出现了顶背离。股价往上走，而指标在往下走，这就是顶背离。

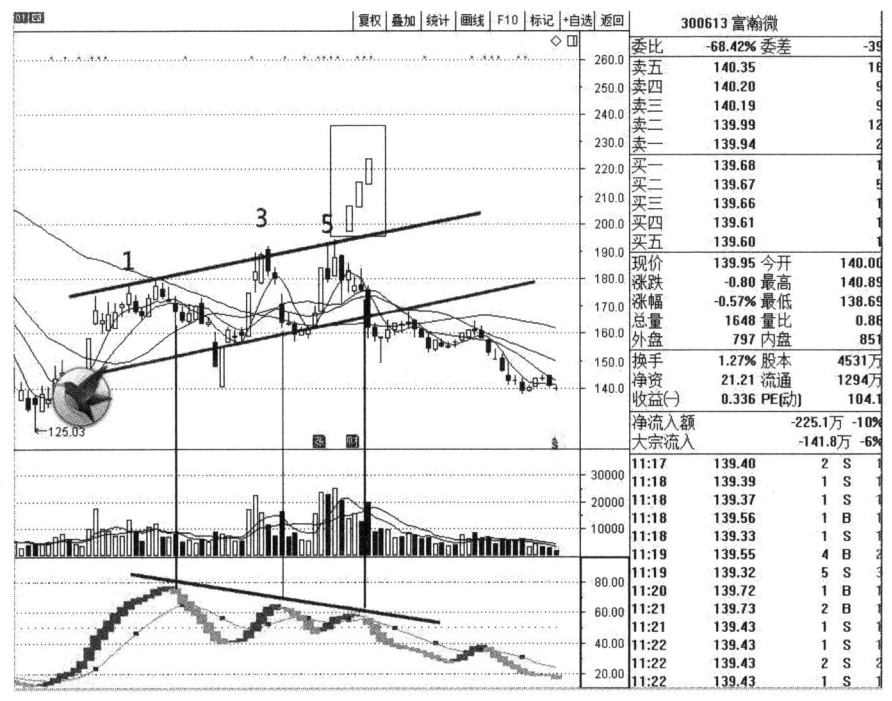

图6-1

上图中可以看到，当股价在第三次出现顶背离时，正好上涨的5浪结构也走完了，这就出现了一个比较好的波段性卖点。上涨浪走完，股票注定要走A、B、C三浪的下跌。但在此点位有许多投资者是舍不得卖出的，还对后市充满着上涨的幻想，但在此破位点真的不能再与股票纠扯，手起刀落，必须出局。

当这个波段性卖点出现以后，也就是我们所说的关键位置的关键K线。在3浪的顶端和5浪的顶端，这些都是关键的位置，通道上轨的压力位不是重要位置吗？那肯定是呀。在这些关键点位如果出现上涨，实属正常，本来股票就处于多头的上涨浪，收出阳线的上攻肯定正常。可是在这些点位如果出现了十字星、锤头线、流星线，那就表明上攻遇阻，这就不正常了。在这些压力位，遇到阻力，导致股价冲高回落，这些K线就是我们要研究的对象，这时就要看一看分时盘口了。

图 6-2

先看 3 浪见顶时的第三根 K 线,原则上三天不创高,股票往外抛。判断主力是在买还是在卖,要进行量价分析。上图的分时,在一开盘就是一个放量的下跌,而且是全天的最大密集成交区。接着是缩量横盘整理。虽然在 10 点半到 11 点半这一个小时股价有所震荡盘升,可是分时线并没有冲到红盘区,昨日收盘价成了强阻力,股价还在空头控制之中,属于弱势行情。随后一整个下午,股价都是震荡向下,出现了卖卖卖的模式,此时还有留恋的必要吗?投资讲究机会成本,短线看三天,三天已经到了最后的期限,遇到这种分时的阴线下跌,没有此股的不要介入,有此股的要及时择机出局。

图 6-3

再来看 5 浪顶部的第三根关键 K 线的分时。分时大同小异，早盘主力也是迫不及待地出逃，接着有小幅反抽，然后又是长时间大幅度下跌，最大跌幅达到 8.65%，可见其空方的炮火有多么猛烈。虽然尾盘有小幅拉升，但依然跌幅达到了 5 个多点，看来主力不想收个光脚阴线太难看，尾盘不是买入而是一种护盘拉尾，短线诱多。总体上，从下跌的时间上看，从下跌的力度来看，多方几乎没有还手之力，空方主导了整个局面。此时不卖，更待何时？

以上分析的是见顶时关键 K 线的两根分时，下面再来看看跌破上升通道下轨支撑的两根 K 线分时。

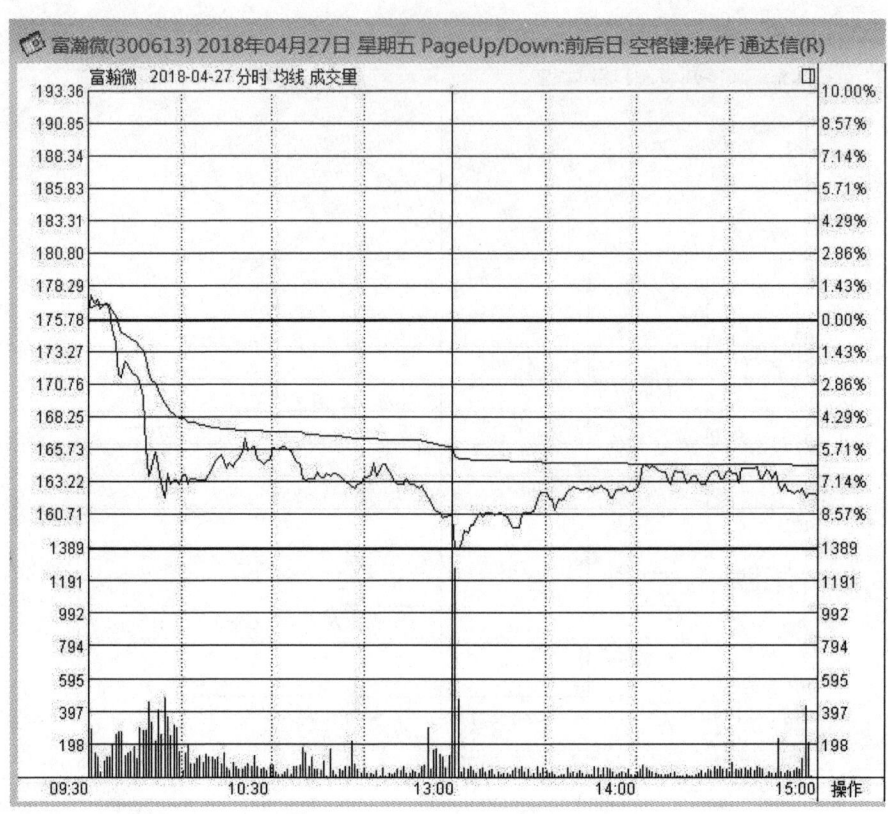

图 6-4

早盘的分时是前一节讲过的量增价跌，后市看跌，以早盘的卖出量能来看，要占到全天交易量的一半以上。随后股价连个像样的反弹都没有，一路呈现瘪球落地的分时走势，维持跌幅在 6 到 7 个点的弱势震荡。从日 K 线的量能上看，也是量增价跌，后市看跌。而此时 K 线的位置是在股价经过连续不断地上涨，已经到了 5 浪的末端，既然行情已经结束，不就要清仓出局吗？做股票不怕赔，就怕死扛。别以为死扛是聪明的做法，死扛只能让亏损被动扩大。

看分时首先要看整体的结构，要从趋势的角度去研判主力的意图。市面上也有讲攻击波和冲击波的，但是都没有从大的战略上去分析主力的意图，所以极容易给投资者造成误解。股民据此操作，不旦没有盈利，反而亏损累累。不然，主力出逃时，那么大的成交量都卖给谁了呢？这个市场就有那么多看不懂主力真实意图的投资者，去接高空抛落的飞刀。

买股一定要买在阳线上，不要买在阴线上。我们需要介入的分时是向上震荡拉升的分时，或是宽幅震荡的模式，但必须要见到底部抬高。最最需要回避的就是，分时结构往下走，股价一波比一波低，不断破位创新低的分时，这种分时最后跌停的可能都有。

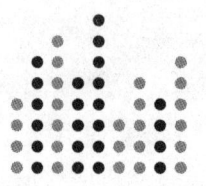

第七章
涨停起爆分时盘口实盘运用

本章将讲述这一段时间以来,关于分时盘口的综合运用。在前几章,讲到了分时的即时线、均价线、量价关系,以及买入模式和卖出模式,讲到的这些东西最终都是要运用到实战之中的,具体的怎么买与卖,下面我们就把近期所做的一些股票一一进行梳理。

图7-1的这张个股图片是可立克,这也是我们公司刚刚介入的一只股票。上一个交易日封板,今天又是冲击涨停。也许是遇到了板块热点行情好,对股价的上涨起到了一定的支撑作用。可是行情好就一定能赚钱吗?那也不一定。今天大盘不是太好,但也有很多股票在上涨,当然也有很多下跌的,还有只涨零点几个点的,所以能够跑赢大盘,能够抓到好的股票,这才是投资者所要追求的目标。

抓住好的股票是要有技术做底的,为什么我们会在这个点位去买可立克呢?单单去看分时盘口是不行的,还要看当前这根K线处于股价走势的哪个位置,准确识别这个位置属于哪一个点位。

第三篇 分时盘口精解

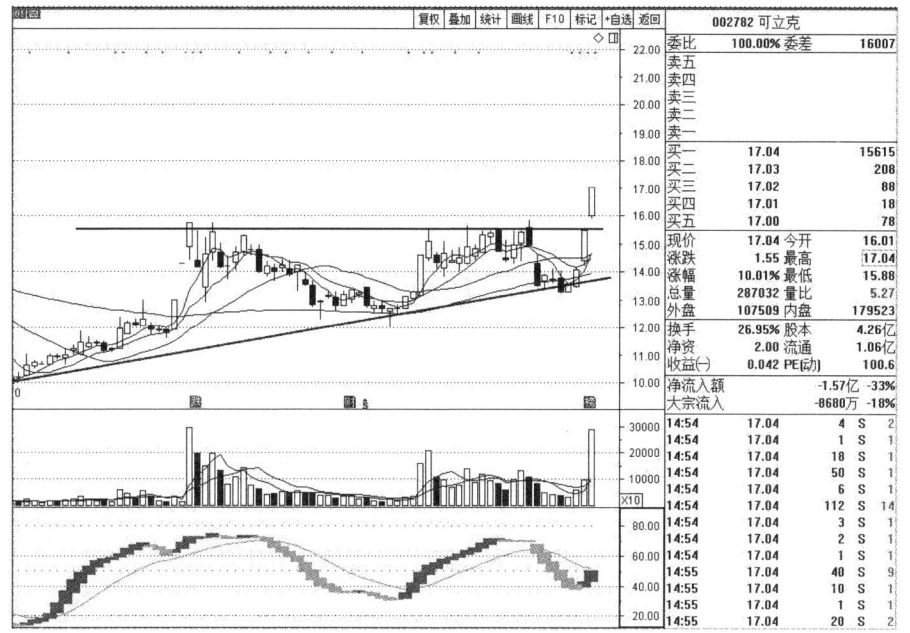

图7-1 可立克的股价走势

纵观可立克的股价走势，首先它是底部抬高，在走上升趋势，从浪形上看，它是2浪末，3浪初的位置，在走3浪主升浪。从形态上看，它是上升三角形上沿平台向上突破。做股票讲究右侧交易，不去做左侧，这是买股的基本要求，所以股票无论是下跌还是回调，我们都不要去参与。上图中，当股价回落到上升趋势线处受到支撑，这就是一个关键位置。在这个关键位置，我们要找出是否出现了上文所讲的三种起动形态。看是否出现了好友反攻形，绝地反击或是吞并反转。这三种形态就是关键K线。可立克就是由一根阴线两根阳线组成的好友反攻形。买股要先看位置，位置是第一位的，K线是第二位的，分时盘口排在第三位，所以位置才是首要的。

当确定下位置是"确定打板"的位置，下面就走到了最后一环，我们要开仓了，这时就需要看看这根关键K线的关键分时盘口，看看主力到底是以买为主还是以卖为主。

图 7-2 可立克的股价走势

从分时图上看,股价总体上是价涨量升,呈三波式向上攻击。三个阶梯三次放量去推高,分时一直是买买买的模式。由此可见,这根中阳线主力一直是在拿货。

如果说这个好友反攻是起动,那么这随后出现的涨停就是起爆。这时我们就需要进行加仓操作。来看看这个涨停 K 线的分时盘口。

在这个架构之中,我们看到的是早盘快速的以攻击波的形式来拉高,然后经过一个等时小幅调整,紧接着一个火箭发射,单笔巨量封涨停,从 5 个点到 10 个点的委卖盘,主力一单统吃。分时对应的是上涨放量,回调缩量,量价关系相当健康。从日 K 线上来看,这个涨停板虽已处于平台的上轨,但是封板之后,涨停并没有打开,说明抛压不重,也印证了主力已经掌握了大量的筹码，日 K 线的量能也只是温和放量。既然主力锁仓拉升，投资者也要持股待涨。

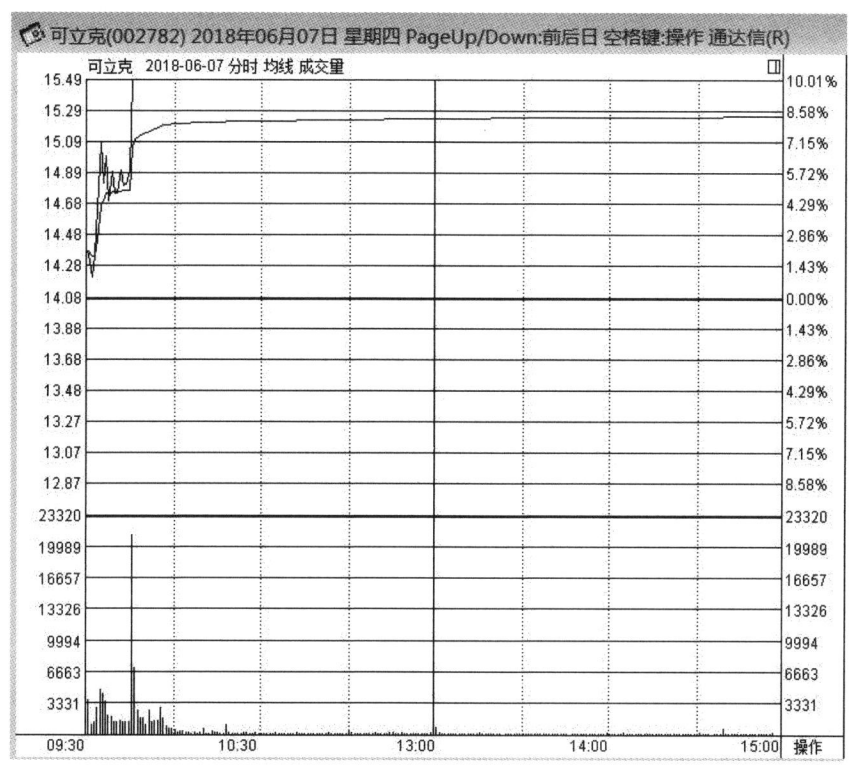

图 7-3　可立克的股价走势

从这个盘口语言里面，我们看到了主力买入的意志相当坚决。就因为主力的意志坚决，所以才带来了今天的又一次涨停，并且后市还会再创新高。

备注：阳线的反包，在盘中，阳线没有吃掉阴线一半以上不要急于进场。

分时是具体的买点和卖点，是操盘买卖的重要依据。在这个世界上没有不赚钱的股票，只有不赚钱的操作，如果买点不对，又恰巧遇到了主力打压股价，短期就会被套，套牢后只有两个选择，要么套牢不动，要不割肉出

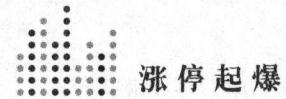

局。如果接了最后一棒，在高山上站岗的滋味是不好受的。炒股无非就是动下鼠标，低吸高抛，只要卖的比买进的价格高就能赚到钱。很浅显的道理，可是绝大多数人却做不到，一句话就是不够专业。任何一个行业都是内行赚外行的钱，专业的赚业余的钱。任何成功都是努力的结果，我们作为专业操盘手，背后所付出的努力是你看不到的，笔者除了正常的交易时间仔细盯盘以外，收市后还要复盘做作业。

第四篇

量价配合关系

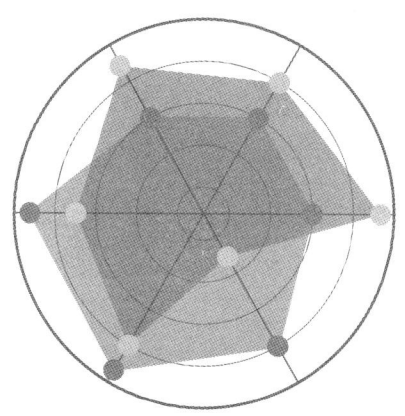

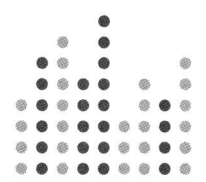

第一章
涨停起爆量价关系

成交量的大小要看位置,如果在高位放大量,就有出货的嫌疑。上帝让其亡,必先让其狂。市场到了最后的疯狂,主力为了出货,都会对倒放出历史天量。天量见天价,见了天价回老家。你想一想,主力不在低位价格洼地收集到足够的筹码,反而在高位去承接小散的抛盘,市场主力有那么傻吗?只有在低位放量,才有主力庄家进货的可能,这是不是立庄量还要后市验证。

量价关系是炒股票永恒不变的主题,所有的交易,所有的K线都是建立在量和价关系之上的一个买卖行为,所以量、价至关重要。在以上章节分时战法里面,提到了量价关系,日K线的操作,同样也要用到量价关系,总共划分为8到9种量价关系。

一、量增价涨

量增价涨也叫放量上涨,或者称为增量上涨,代表着后市看涨。

量增价涨的表现形式,日K线图中量能柱相比前几个交易日有所放大,价格也相应的从窄幅震荡之中随量上涨。成交量的上涨是从量能柱的大小形态上表现出来的，而价格的上涨，从形态上能看出来，从涨幅上也能看出来。

量增价涨也是对前期形式做的一个对比，也就是辅图的成交量放大了，主图的阳线涨幅也扩大了，这是相互对应的一种关系，后市预示股价将要上涨。

量增了，价涨了，预示着后期股票还有上涨的潜力。后期的上涨，成交量不一定要放大，但再一次放量也可以，量能出现小幅萎缩也可以。只要是在最关键的起动的时候，成交量放大，量增、价涨，后市就看涨。二次放量后，接着出现了第三根放量，价格对应上涨，后市还是看涨。越是温和的放量上涨，越表明后市的上涨越有后劲。在这个放量上涨的过程之中，还有一种情况是放量后一直保持较平稳的量，但价格一直是向上涨的，这种情况后市也是看涨。

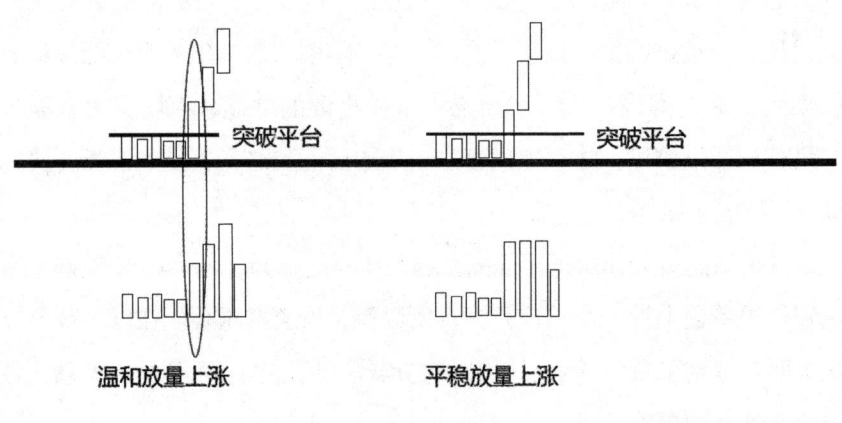

图 1-1 放量

放量的第一个量能柱是最关键的，尤其是关键的成交量和关键的 K 线突破关键的平台时，它的重要性更加重要。所以关键位置的关键 K 线，它所对应的关键量价关系，第一根放量突破的重要性更强。

二、量平价涨

量平股价会上涨吗？也会。量平价涨后边不是坚定看涨，这种量价关系应该谨慎看涨。

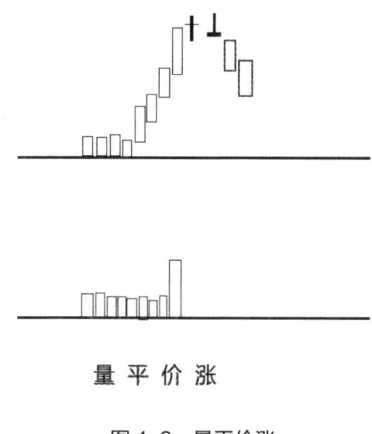

量 平 价 涨

图 1-2 量平价涨

量平价涨是什么含义呢？比方说价格原来是在平台内部，可是从某一天开始，价格一直在慢慢地往上攻，但成交量没有变化，成交量一直不温不火，一直保持着一个相对平稳的姿态，成交量没有太大变化。这种情况，表明市场多空双方没有太大的争执，对后市意见分歧不大，在相对平稳的供求关系下对后市一致看涨，促使价格持续上涨。但这种上涨一定要小心，当价格顺推到一个高位，成交量在某一天突然放大，价格容易见顶。尤其放量冲高以后收十字星、流星线，后市极容易大跌。

量平价涨所对应的关系是谨慎看涨。谨慎就是小心又小心，所以咱们在学习的过程之中，一定要看得懂量价关系，遇到某种情况知道该运用哪个方法去处理。否则不知道怎么去解决这些问题也是不行的。比如，看到这个量平价涨就使劲拿着吧，反正股价涨得挺好的，突然行情一变，不知道解决问题的方法，那就麻烦了。所以量平价涨，小心看涨，一放量一加速赶紧离场就可以了。

三、量缩价涨

量缩价涨也叫量减价涨、缩量上涨。量减价格也能涨吗？是的，量减价格也能涨。缩量上涨在这个市场当中也会经常出现。

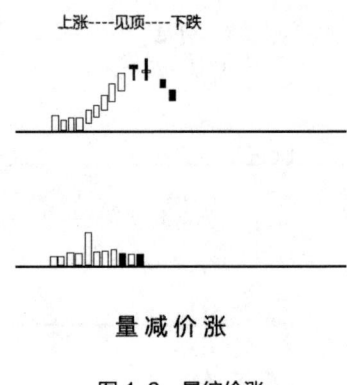

图 1-3 量缩价涨

价格在某个价位一直徘徊，而后慢慢地往上涨，形成蚂蚁上树的走势，成交量不但没有放大，反而萎缩了。当然，在起动的那根阳线肯定是放量的，不放量无法进行平台突破。

量缩价涨对应的也是谨慎看涨，跟量平价涨性质差不多。但量缩价涨说明市场是一致看多的，跟量平价涨不一样。量平价涨是多空双方，力量达到了一个均衡，多方占优的往上稳步推升，而缩量上涨是看多的人多，看空的人少，买卖双方争议很小，交投不活跃，造成的成交量萎缩上涨。

量缩价涨在运行的过程中，当股价涨到一定幅度，某一天收出十字星、流星线，不一定会放大量，出现这些见顶 K 线，市场就容易大跌。这种行情是一边倒，在前半段都看涨时是看涨，在见信号出现，行情会很快反转，在后半段都看空时也是清一色的看空。所以量缩价涨不是特别的健康，但前半段可以谨慎持有，阶段性见顶信号出现时要及时离场，尤其见到大阴线，更要清仓。

四、量增价跌

成交量放大,股价下跌。这种量价关系一般有三种情况。

第一种是在股价连续上涨以后,成交量在高位放大。原来在上涨的过程之中,成交量比较稳定,当涨到某个高点时,成交量突然放大了,这时就要小心,尤其是出现有较长上影线的K线。如果紧接着的K线成交量继续放大,但价格开始下跌,跌破二分位,就是看跌信号。如果在两根K线之间出现一颗十字星,更能确认为阶段性见顶。

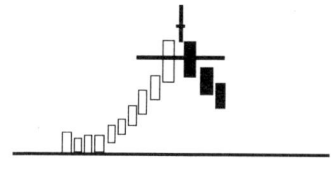

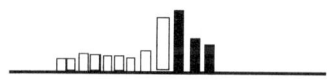

量 增 价 跌

图 1-4 量增价跌

量增价跌,后市看跌,后边下跌的成交量就无关轻重了,一般是缩量下跌。

第二种情况也是成交量放大,价格下跌。这种是股价没有上涨而是在横盘,突然在某个交易日股价向下跳水,突破整理平台的支撑位,价格也要下跌。此种情况是放量向下突破。也是关键位置关键K线的关键的量价关系。平常的K线不重要,只有在关键点位向上突破或向下突破的关键K线的量价关系才重要。

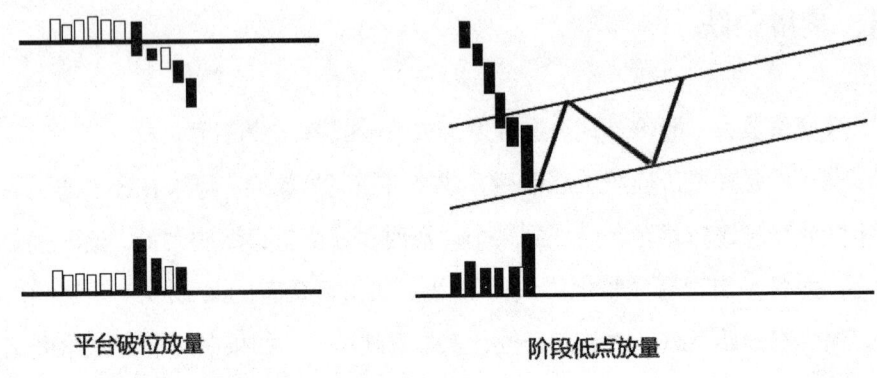

图 1-5

那有没有第三种情况呢？也有。比方说，股价连续下跌，突然间大跌，而此时成交量急骤放大，在前期连续下跌的过程中，成交量都比较稳定，突然间大跌以后，市场成交量同步放大，这是一个见底的信号。量增价跌，前面两种，高位和平台突破的放量下跌预示后市看跌，第三种是股价下跌了很长一段周期，再突然加速下跌，成交量放大，这就是下跌的末端，容易见底。当然，这种所谓的底，只是一个低点，而不是趋势的底，趋势的底没有跌出来的，都是涨出来的。这也是一些书中没有提到的误区。我们所说的底都是二底抬高之后的底，这里的低点只是一个节段性的低点，可能会有一个反弹，只是一个抢帽子抢反弹的一个位置而已。这里不再引申，只说明第三种不同于前两种。

五、量减价升

股价在上涨的初期有相对大一些的成交量，在某个节点，股价会放量向上突破，但随后股价上升了，成交量却出现了萎缩。

量减价升也是谨慎看涨。如果这种量价关系出现在行情的末端，如见十字星、流星线意味着行情的结束，如果再遇到大阴线就赶快出逃。

六、量减价跌

量减价跌即为缩量下跌。在正常的股票走势当中，有的是横盘，有的是上涨，有的是震荡下跌，股价走势无外乎这三种，无论在哪一种情况下，股价开始下跌了，并且从成交量上看，正常的量能被打破，成交量出现了萎缩，缩量下跌预示着市场人气很低迷，无人接盘，未来股价还会再下跌。量减价跌，是后市看跌的量价关系。

这种形态一种是横盘破位以后的向下突破，再一个就是连续上涨之后的量减价跌。在高位一定会有一个见顶信号，出现转折点，股价开始下跌，量能由原来大的成交量，伴随着下跌，量能同步开始萎缩也是价格未来看跌，叫作量减价跌。第三种连续下跌的情况呢？这种就不存在破位的问题了，而是成交量持续萎缩，也是继续看跌的一个信号。

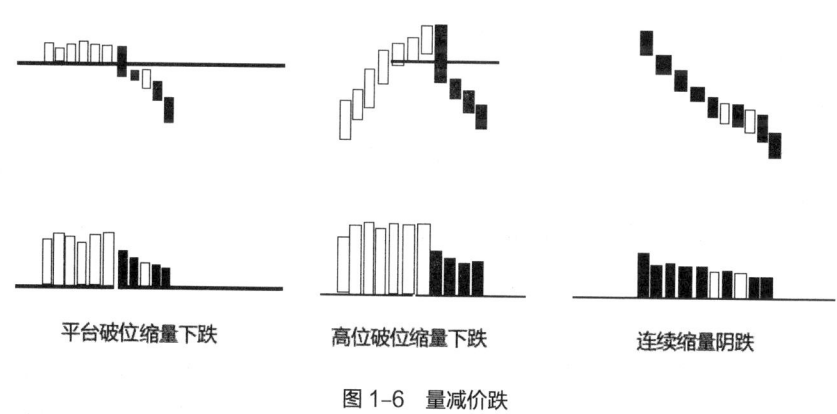

图 1-6　量减价跌

量减价跌的下跌模式很可怕，这就叫阴跌，它会带来市场长期的涨不上去，漫漫下跌路不知何时见底。

最后三种情况放在一起说吧。

1. 量平价涨。

2. 量平价跌。

3. 量平价平。

量平价涨比较好理解。就是成交量在某一个时间段，量能高低保持比较平缓，没有太大异动，而价格出现了上涨。这种量价关系，跟缩量上涨性质差不多，也是谨慎看涨。

量平价跌，就是成交量一直保持着一个相对平缓的状态，而价格在一直往下走，预示着后市继续看跌。因为市场交易比较清淡平稳，整体维持着一个下跌的态势。

量平价平，成交量维持在一个相对平稳的状态，价格也保持着相对平稳，量平价平对应的是多看少动。既不能盲目看涨，也不能盲目看空。这是一种变盘的信号，股价后市具体往哪个方向变盘，要看突破的方向。如果往上放量突破看涨，如果往下突破是看空信号。

下面再回到 K 线实战中，用实例进行讲解。

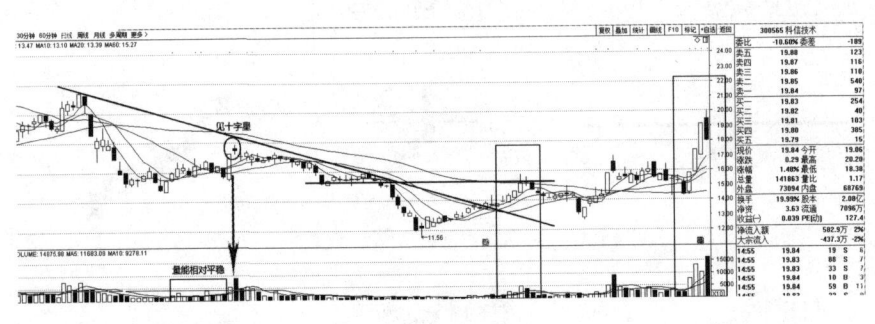

图 1-7 科信技术

以我们曾经做过的科信技术为样本，来讲解成交量与 K 线之间的量价关系。从左往右看，在第一个箭头处，我们看到的是一个高位放量，在这个放量之前，曾经有一个相对平稳的过程，连续上涨以后，高位放大量，这个放量一定要防止假突破，尤其又出现了十字星，都要小心。这个点位的量增价涨容易让人产生误区，量增价涨不是应该看涨吗？为什么后市下跌了？咱们做股票的时候，一定要结合趋势量化交易系统。它的这个点位正是处于下降趋势线下方的位置，此时的上涨正好到了阻力位。关键点位的关键量价关系很重要，所以这个点位的量增价涨，我们要把它否定掉。随后股价一路无量阴跌，缩量下跌，后市看跌。

再来看看突破趋势线的位置。在这个位置拉长阳，放大量，从正常的量价关系来讲，量增对应了价涨，可是遇见十字星也跌下来了。这就得结合前面的量能来看，在前期，它一直是量平价涨，上文说过，股价连续上涨，如果哪一天高位突然放量，又见十字星，不正好是离场的信号吗？而此点位也正好位于前期破位时的成交密集区，所以这个点位也是强阻力位。

再来看看前边的那个平台当时是如何破位的，原来那根破位的阴线是量减价跌，在关键的位置，出现缩量下跌，后市看跌。平台破位后，该股后市出现了连续快速下跌。

量增价涨，后市看涨。指的是股价处于上升趋势之中，在关键点位对压力位突破后的上涨。在这个点位的上涨，就是股价真正的上涨。个股见阳包阴，吞并反转组合后，预示着股价多头反转，并且股价站上多条均线，量能同步放大，一系列的看多信号形成了此轮行情上涨的基础。量增价涨，后期看涨。

在科信技术股价上涨的过程之中，遇到了很多次量升价涨的量价关系。但是盲目的买与卖都是不可取的，一切的技术要点都是在以我们的趋势量化交易为核心的前提下进行的，大原则绝不能违背。

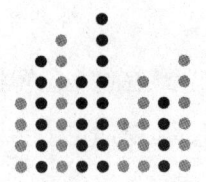

第二章

涨停起爆分时盘口的量价关系

本章主讲的是 K 线,也就是量价关系、价与量在实盘运用之中、买与卖的两方面,做一个系统的讲解。之前讲了八大量价关系,本章将带着这个问题对股票的实际走势,有针对性地讲解。

这只股票叫综艺股份(600770),在圆圈处,2018 年 4 月 18 日收阳线的位置我们公司买入过这只股票,我们私募从来都不做庄,都是跟庄,发现庄家的踪迹之后,悄悄地跟随。买股要记住,看清关键位置的关键 K 线的关键量价关系。我们所有的买入都不能大腿一拍就去买,必须是突破平台,突破下降趋势线,站上均线,在这些买点的基础之上,做出的买入操作。

综艺股份的上述位置,就是突破了所有均线的压制,出现的一根大阳线,这就是我们要买入的依据。那所有出现大阳线的上涨都要去买吗?不一定。为什么?防止假突破。那真突破和假突破用什么方法辨别呢?那就是量。4 月 18 日那天突破均线相对应的成交量,可以看出明显的放量,它所对应的关系就是量增价涨,后市看涨。在这个位置,还有一个关键词,叫放量突破。量增价涨会出现在很多位置,在下跌的过程之中或者在上涨的过程之中，它都会出现量增价涨。只要成交量放大了，价格上涨了，它都叫量增价涨，但是它的意义大不相同，只有在关键位置关键K线突破时的量价关系才是真正的看涨，这是重中之重。

图2-1 综艺股份（600770）

2018年4月18日的这根阳线，突破了平台，突破了下降趋势线，其中，下降趋势线的突破比平台的突破还要重要。这种突破叫放量双突破，所以这个位置有举足轻重的战略地位。

如果这个位置成交量没有放大反而缩量，突破是无效的。如果是量平价涨或是量缩价涨收的实体阳线，有可能未来股价对应的是下跌，而不是上涨。

我们上文所介绍的说"是"的位置本身就已经够先进的了，已经能够准确判断买点，但是为了提高成功率，或者换种说法为了减少失误率，在这个位置必须还要有量能做一个有效的支撑。

放量突破代表市场什么含义呢？也就是在突破这个位置时，有看多的，有看空的，但最终是多方占胜了空方，然后价格形成突破。如果此时是无量上涨突破，就说明市场投资者都很小心，接着再出现一根阴线，股价紧跟着

就会下跌。

当然在这个突破的点位，分时盘口也是要看的，一看是我们所讲的买买买的模式就一切搞定了。

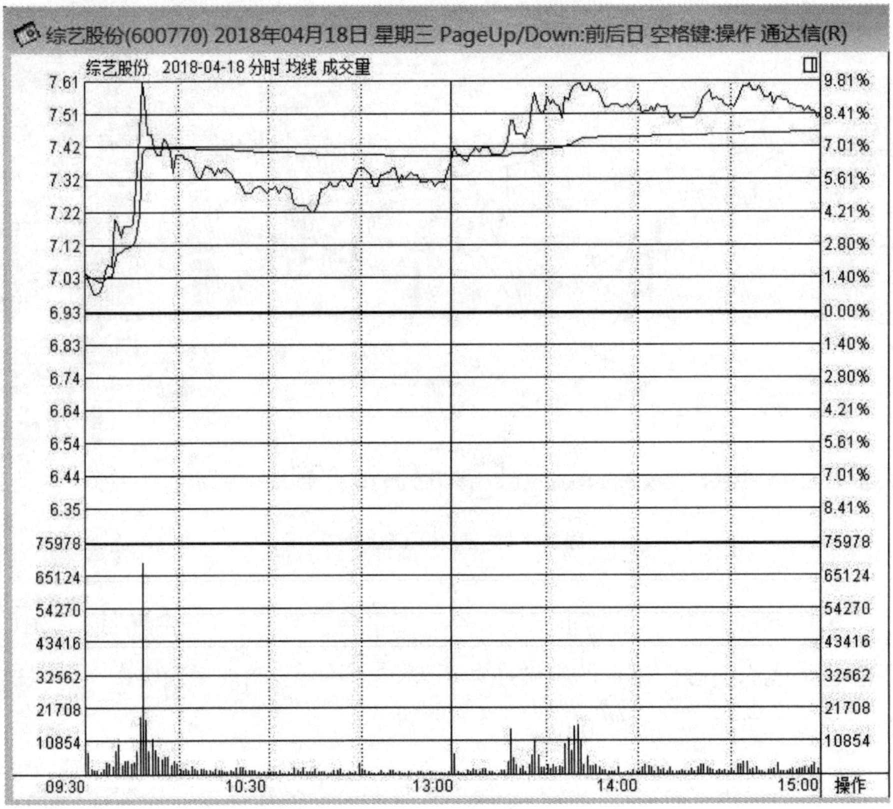

图 2-2 综艺股份

本章着重讲的是量价关系，做股票，在关键位置，要综合运用到很多技术。比方说下降趋势线的突破这为其一，分时盘口这是其二，第三，大阳线，阳包阴，这是 K 线形态。第四，量增价升，放量双突破。第五，底部抬高，走上升趋势。其六，股价站上均线，使均线多头向上发散。在这个点位我们运用到了很多买股的技术，多种看涨的理由在这一个点达到了一个共振，才带来了后市一波行情的上涨。

所以我们要懂得，量增价涨，后市看涨，这种量价关系在关键位置叫放量突破。这是八大量价关系，买股最重要的一种量价关系，也是用到的最多的一种关系，所以本章才浓墨重彩地去讲解。

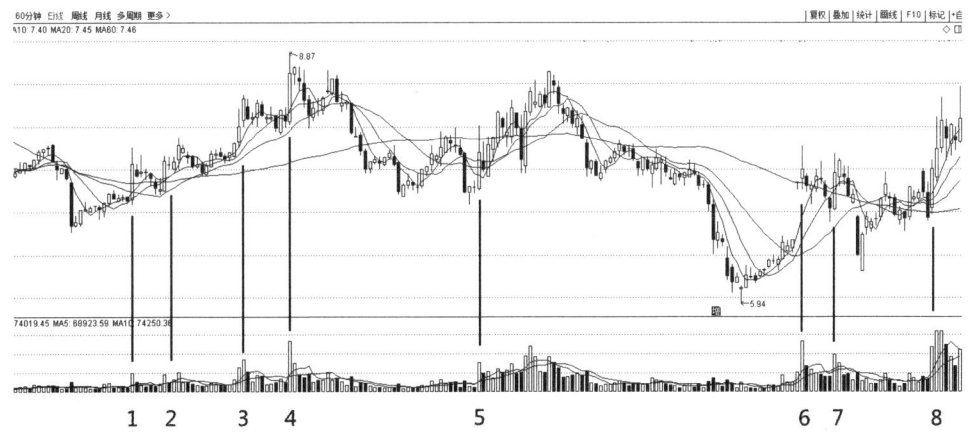

图2-3 综艺股份

根据综艺股份缩图去看，有很多次的放量缩量，明显的放量有八九次。但每一次的放量都一样吗？不一样。第一次的位置叫放量突破。底部的突破，这个位置和第6点的位置，性质是一样的，都是下跌下来，再放量突破操盘线。2.3和7的位置一样，都是突破以后的中继突破。在4的位置，高位放大量，压力位放量，要下跌。所以它的每一次放量，市场含义是不一样的。同样是放量，位置最关键，位置决定了它是要涨还是要下跌。

那怎样准确地去分辨这些位置呢？我们以后会陆续推出一系列的书籍，会讲述操盘技术与波浪理论、与江恩理论、与道氏理论的结合买股法则。

这些关键位置的成交量，单独地去判断，既片面又狭隘。必须建立在科学的趋势量化交易系统的基础上去判断。上图中，在第三根竖线的位置，个股突破了下降趋势线，并且突破时量增价升，所以在四个放量的量价关系中它的重要性最强。第三次突破时的放量，代表着下降趋势的结束，上涨趋势的开始，到了多空临界点的一个位置，你说它的战略意义重要不重要。随后个股均线由空头转为多头，在后市股价放量突破平台后，展开了一轮快速的上涨。

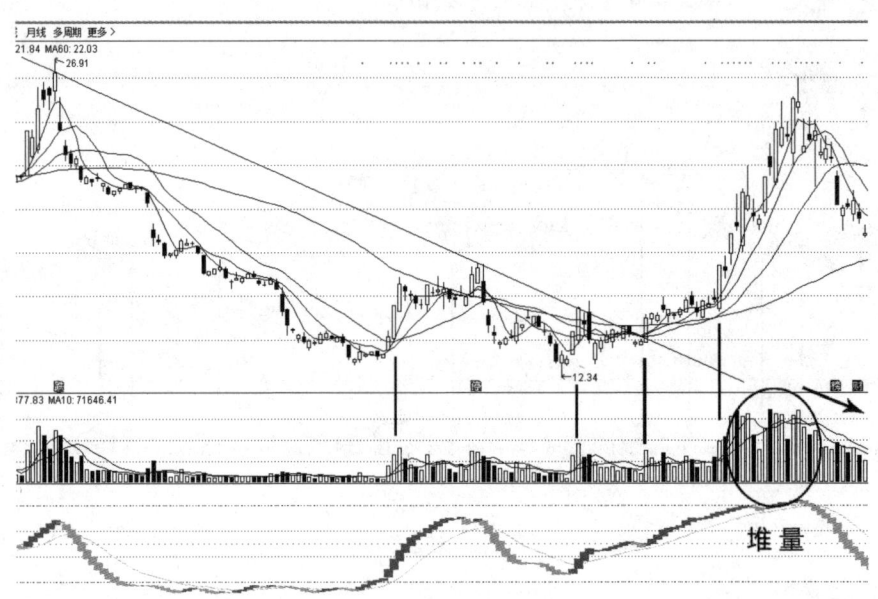

图 2-4　西部黄金（601069）

在真正的上涨之前是必须要放量的，但在高位下跌倒不一定会放量。但在下跌之前必然会有一个放量的过程，不然主力把股价拉高后，没有一个出逃的动作，股价怎么会下跌呢？在下跌之前，量能指标必须要对应一个大量或天量的出现，这是天量法则，天量见天价。因为主力庄家要出货，必须要从成交量上带出来，没有成交量的放大是卖不出手中的筹码的。上图中，西部黄金的庄家是以堆量的形式出货的，当后面的量能再没超过前面的量，股价就见顶了。也有的庄家是以一根天量的形式出货的，放量不涨就有出货的嫌疑。

图2-5 东音股份（002793）

这是东音股份（002793）的部分股价走势截图，图中两次出现天量，两次股价见顶，但在真正下跌的时候，是缩量后下跌的，其实在这之前，成交量早已有过放大，股价维持平盘只不过是主力抛出的烟雾弹而已，这种例子比比皆是。

上涨必须有量，但放量下跌，缩量下跌，量平下跌，后市都要看跌。打个比喻，如果你掷过铅球，从地面往上抛，力量的大小决定了铅球在空中的高度，但如果你站在10层楼上，让它从空中往下落，你只要松开双手它就会以重力加速度落到地面上。

在关键的位置，出现量能的放大容易发生变盘。量与价，二者在关键位置放大会使趋势进行一个改变，而不是一个中继判断。量不是随便放的，尽量用在趋势的反转这个过程之中，也就是上涨时和下跌前。为什么称作"上涨时"而不是"上涨前"，因为当时突破，当时有效，这个"时"代表主力正在买进。可是"下跌前"就不一样了，因为这个"前"是不需要成交量的，在这个"下跌前"已经出现过了"时"的出逃。这就要求我们学会，在

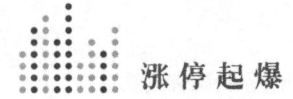

个股连续上涨以后,在高位发现放量,要及时减仓甚至清仓出局。

成交量,只有在变盘拐点、行情反转的位置才有分析的意义,平常点位的运行无需量能的配合,也没有分析的价值。我们做的就是起涨点和卖出点,而不是这中间的持有或空仓阶段。所以只有买点的关键位置与卖点的关键位置才是最重要的,而天天去研究中间大大小小的成交量一点作用没有。为什么说很多人讲不了成交量,在股价上涨的中枢阶段,成交量大了小了,又大了又小了,都是废话,没有意义。所以,量能也就研究两个点,买的当时和下跌的前期的量与价的配合即可。

高位放量不一定要跌下来,但只要见高位放量滞涨,不跌下来也要卖,该减仓减仓。如果跌破关键位置的趋势线,无论它是放量下跌还是缩量下跌,都要卖出。因为在这个关键点位,放量下跌后市看跌,缩量下跌,后市也是看跌,量平价跌,后市还是看跌。一句话,只要高位破位,量已经不重要了,有没有量都要卖。

重点:在下降趋势中,在压力位放大量,都是卖出信号。

在多空分界点,放量双突破都是买点出现。

市场有个误区,就是地量地价,地量并非地价,地量以后还有地价,股价要想反转,必须要有主力放量进场收大阳的信号。

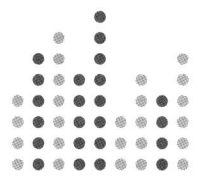

第三章
涨停起爆量价配合抓涨停

量价的配合，与涨停板息息相关，量价不分家。涨停板的股票有一个特点，就是在涨停板以前，必须有一个放大量的过程，这是重点一。重点之二，一般情况下要有一个平台突破，但平台突破不是必须的一个要点。投资者做股票尽量抓一般情况加成交量放大的个股，这样就有可能抓住涨停板的股票。

图3-1是奥翔药业股价走势图，该股在2018年3月29日曾经出现过涨停。我们来分析这只股票有什么特点。它的这个特点就是底部放量三突破。第一次放量是放量突破下降趋势线，第二次是中继放量，第三次是放量突破平台。放量三突破是我们抓涨停甚至抓连板的一个细节。那为什么在这三个位置成交量要放大呢？这里面有两层含义。第一，每一个阶段的上涨，都会有低位买入的获利盘，庄家在真正拉升之前，是不愿意给这一部分人抬轿的，会想尽一切办法做盘口分时，把这一部分不坚定的人震出来，让他们乖乖地把筹码交出来。也就是洗出浮筹，为后市的拉升减轻压力。第二，在放量的过程当中，很多人认为解套了或赚钱了都会跑。

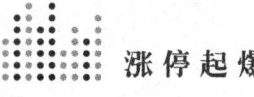

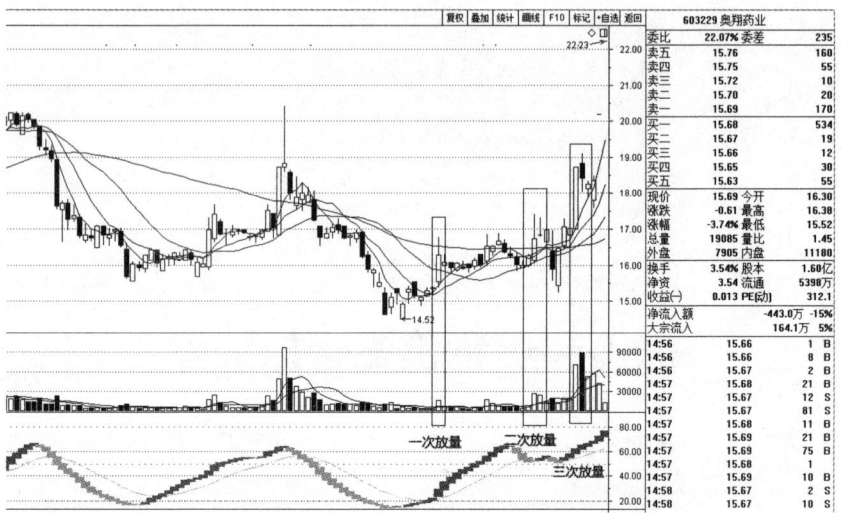

图 3-1 奥翔药业(603329)

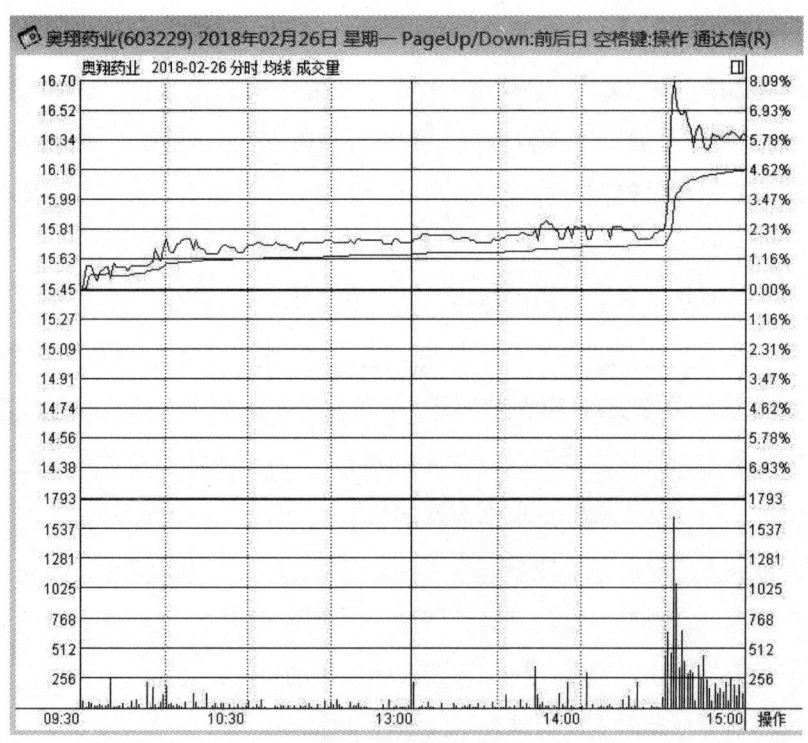

图 3-2 奥翔药业

这是第一根放量突破的分时,全天大部分时间股价一直在均价线以上运行,直到两点半股价才往上冲高。有了以上我们对分时的讲解,投资者都能看懂这是一个回调波而不是下跌波,这是一个很强的波形,真的有必要卖吗?真的没必要卖,只有坚定地拿住,后面才会有丰厚的回报。

学会了这些核心的技术,我们就会知道庄家的目的,在这个位置是庄家震仓洗盘。在第一次放量突破时,有时也会涨停,但它涨停的概率很低。

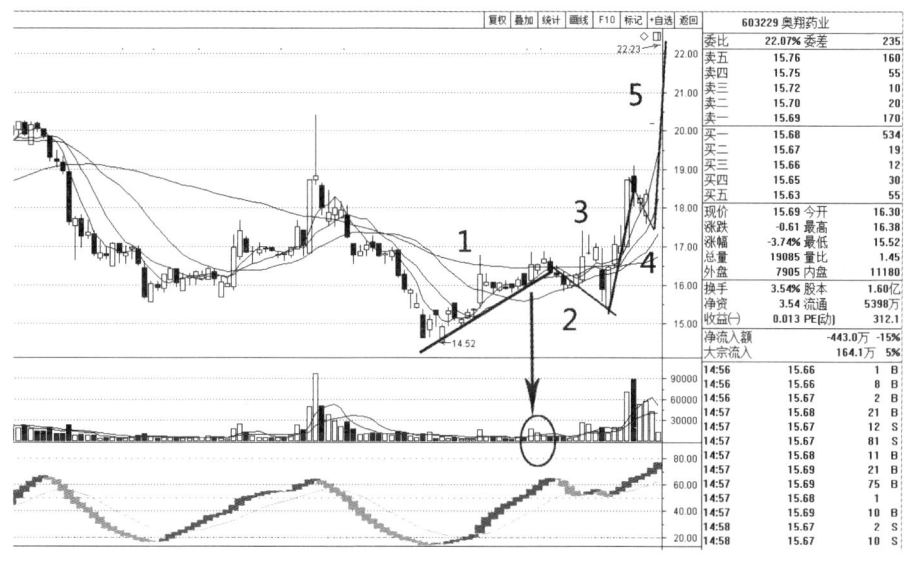

图 3-3

有人说在箭头处不也出现过放量吗?它确实是放量,这叫单日放量,但它却属于这一个波段的结束点。我们上一章说过了,进场有进场的量,出场有出场的量。所以在咱们做股的过程之中要记住,在这一笔上涨的过程之中,只有起动的放量才是有效的,一笔结束时的放量是出货量,在浪峰上,主力会少量出点筹码,寻然后在回调的低点再买回来,这是主力滚动操盘。

所以分清关键位置的关键量价关系才最重要,无效 K 线不重要。第一次放量可能会涨停,第二次放量也可能会涨停,但第三次放量涨停的概率更

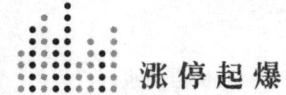

大。但这有一个前提,就是前面两次放量后不能出现大涨。前面大涨了,后边的连板就会失效,后面不再会出现大的行情,因为前边已经把整体的涨幅提前透支。如果前边第一次放量没有大涨,第二次放量没有大涨,放量突破时股价四平八稳,就会在放量三突破的时候,涨停的概率大大提高,所以奥翔药业在第三次放量后出现了大涨。

第四章
涨停起爆量价关系的综合运用

抓涨停板是买股票过程中大家都很期待的事情,因为只有买到了涨停板的股票才能在这个市场当中多赚钱,所以本章将对这一点为大家作一个深层次讲解。

一只股票在上涨的过程之中,有很多的误区,这是影响投资者正确判断,左右价格上涨或下跌的客观因素,它们会使投资操作落入一个市场的圈套之中。准确地把握住量价关系,可以有效地规避绝大部分失误。

之前反复强调过多次,买股不但要注意关键位置上的关键量价关系,还要注重关键位置关键K线的关键分时盘口,这几个"关键"都很重要。下面举个实例与大家分享。

图4-1为超图软件(300036)的股价走势图,按照我们的交易体系来划分,3月27日的涨停是放量双突破。一根长阳,突破了箱体平台的上轨,和所有均线的压制。这根K线就是爆涨临界点,是关键位置的关键K线,它所处的节点相当"关键",它满足了我们提到的三个关键,一根阳线突破了攻击线、操盘线、修正线,站在了所有的均线之上,涨停即是起爆。在这个位置出现的阳线起到了决定性作用,吹响了上涨的冲锋号。成交量是根,突

破必须伴随着成交量的有序放大。如果在这个位置没有放量，极有可能是无效的突破。

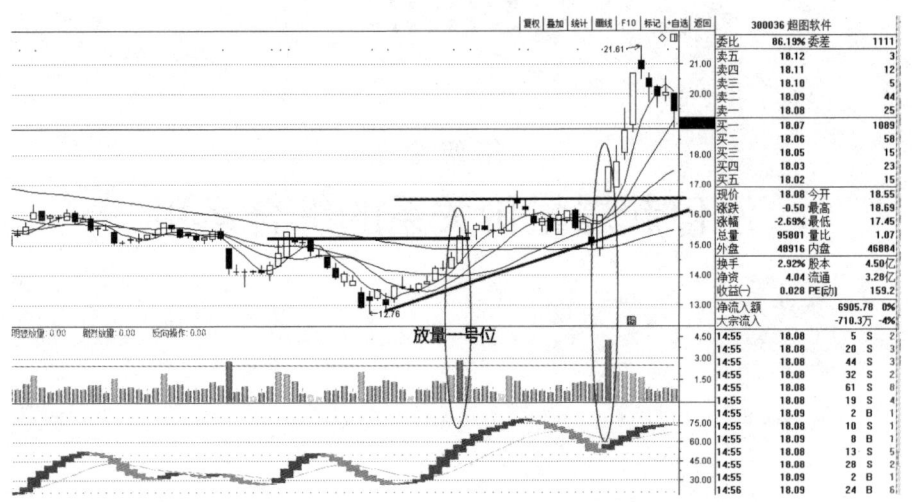

图4-1 超图软件（300036）

在这里要明确提示一点，在放量一的位置，股价第一次放量突破了下降趋势线，突破了下跌前期的整理平台，这意味着下跌就此终结。但在第一次突破下降趋势线，没有出现二底抬高之前，我们把它划分为虚假突破的范畴，在我们成熟的交易体系中不建议参与交易，虽说有的时候也不排除会涨得很多，但概率不高，尽量还是不参与为好，要做就做确定性高的点位。

在第一次放量突破后，市场冲高回落，随后股价经过了一个整理期。在第二次平台突破的当天，早盘竞价直接高开，开盘刚好站在了箱体上沿之上。在集合竞价涨幅榜，每一位细心的投资者临盘都会发现它，这一点有目共睹。并且这根阳线的前一天，已经出现底部的抬高，形成了吞并反转的K线形态组合，并且阳线也满足了我们所讲的买买买模式的分时盘口。

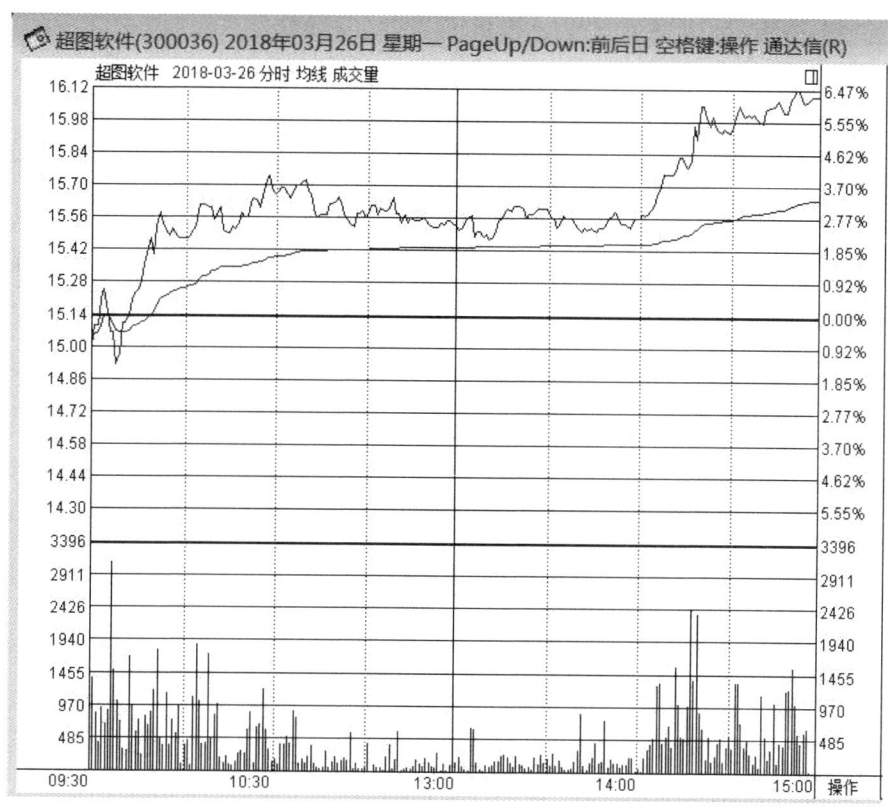

图 4-2

图 4-2 分时的量价关系一目了然，为后市一波行情的上涨奠定了坚实的基础。该股在连续上涨以后，在高位出现了堆量，以三只乌鸦 K 线组合形成顶部信号，见顶就意味着行情的结束。买股有始有终，该进时进，该出时出，进出要做到井然有序。

在股市中赚到钱的人都是不断学习的人，内行看门道，外行看热闹。亏钱的人都是不断地问别人，老大这只股票能不能买入，那只股票要不要割了，亏钱者都是问别人问题的人，也就是知识储备不足的人。炒股是脑力劳动，要独立思考，希望看完本书之后，按上述方法独自分析，不要再把命运交给市场，随波逐流。打铁还需自身硬，投资者一定要学到本书的精髓，融会贯通地去运用，而不要刻舟求剑，以偏概全。

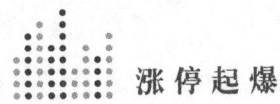

市场有方法，方法无定式。

本书主讲的是阳线买入战法，以后还会推出阴线低吸法。这里说的阴线可不是盲目抄底，而是指行情起动之后的阴线，不要断章取义。起动第一阳，有的是涨停起动，有的是大阳线起动，有的也是带小小的上影线阳线起动。在起动时，股票涨了五个点、六个点、七个点、八个点不敢去买，那是理念上的误区。真正的大涨都是从大阳线开始的，没有几只股票的起涨行情是从阴线开始的，所以关键位置的关键大阳线，配合关键位置的关键量价关系，再加上关键K线的关键分时盘口，激进加稳健，只有熟练掌握了这些高超的操盘技术，才能在这个市场上赚大钱。

后 序

  很多股民都犯有股市综合征，都是亏得起，赚不起，大部分时间都是挨套，很难实现资产的增值。如果买了三只个股，一只盈利，一只亏损，一只持平，大多数股民一定会去卖出那只盈利的股票，然后去加仓其余两只，新股民是这样，很多老股民也是如此。持平的没过多久也会卖了，最后只会全仓持有一只亏损股，结果盈利的个股被卖飞，迎来了主升浪，而最后持有的这只股票，股价越来越低，最终亏损累累。亏损的时候总抱有幻想，可能拿一拿就上来了，没事的，主力还在的，身边的小张也还在的，小王也还陪着我，那我就拿着呗。拿着还给自己编造一些理由，反正市场已经恐慌了，已经绝望见底了，众人恐慌我贪婪，我得人弃我取，现在就是最低价，赶快进场，而且把这一想法到时处宣扬，把自己标榜成股神。奉劝投资者，不要把自己的思想凌驾于市场之上，永远不要比市场早一步，因为我们只是跟随者，而不是领路者。抄底我只见被套住的多，没见他人赚到钱。

  全仓被套的股民很悲惨，心情也很沮丧，晚上只能点着蜡烛，吃着泡面，但是市场既不相信眼泪，也不同情弱者。

  新股民还有一个坏毛病，就是喜欢买一堆个股，听别人说这个股票好就去买一点，那个好也去买一点，钢铁买一点，电器买一点，油买一点，煤买一点，把账户搞的像个两元店似的，乱买瞎买把账户弄成了杂货铺。其实十只被套，和一只被套是一样的。不把鸡蛋放在一个篮子里，是风险分散，但

篮子太多，同样也照顾不过来。

老股民喜欢用技术指标去研究股票，其实指标学会重点使用一两个就足够了，不要把所有的指标都用上一遍，不然会失去大的方向，很多指标在分析上会有冲突，会让股资者不知所措。

股市是少数投资者获利的地方，我们私募公司通过大数据分析，从1990年到现在，真正能在这个市场上赚到钱的，不到3%，这是一个非常残酷的数据。

那么这极小部分的群体是怎么赚到钱的呢？我们同样研究了实盘赛排名靠前的高手，他们有两个共同点，1.不怕卖飞，卖得很快，发扬"跑得快"的精神，盈利跑得快，亏损跑得更快。2.低卖高买的操作非常多，低卖是因为方向不明确，待方向明确了，为何不追买回来呢？实际上这和止损是一回事，止损是高买低卖，但发觉错了，低卖高买又变成了跟随，这其实都是向市场认错。

控制回撤最好的方法就是打板，但打板要结合当下的题材热点去打，要打就打逻辑板，普通自然涨停的放弃。我打板是超短线，买完第二天除非涨停，不然必卖。我不看年报，不看业绩，甚至不看公司是干吗的，谁也挡不住我卖出的决心，朋友帮言不帮钱，只有自己对自己的账户负责才是王道。

K 线博士

2018 年 6 月于江苏徐州